U0139495

明
室
Lucida

照亮阅读的人

书店不死

「本屋」は死なない

［日］石桥毅史 著

熊韵 译

北京联合出版公司
Beijing United Publishing Co.,Ltd.

目 录

序章　驱使她的是什么？

"那么，回头见。"

"好的。晚安。"

我目送着原田真弓娇小的背影往家的方向远去，过了好一阵，才走向反方向的车站。此时是凌晨六点多，在东京池袋。太阳已经高高升起，熠熠的阳光透过建筑间的空隙射来。

到最后……她究竟说了些什么？

我头脑发昏，方才交谈过的内容怎么也回想不起来。首先，我根本没注意时间，也从没想过有一天会将内容付诸文字，只是想进行一次漫无边际的长谈。出于这个原因，我没有提出任何确切的问题。总之先从这里开始就好，我对自己如此说道。

昨晚，我等原田真弓下班后，与她在附近的中华料理店聊了起来。中华料理店关门后又转移到卡拉 OK 包厢，无暇唱歌，继续聊着。或许，我是想问出一些轻易无法得出答案的东西吧。

原田真弓，是东京杂司谷[1]一家五坪[2]大小的书店"日暮

---

1 杂司谷：地名，位于东京池袋附近。——本书注释皆为译注。

2 坪：面积单位。一坪约为 3.3 平方米。后文中提到的店铺面积皆以"坪"为单位。

文库"（ひぐらし文库）的店主。她原本是连锁书店 PARCO BOOK CENTER 的店员。在 PARCO BOOK CENTER 被大型书店 LIBRO 吞并之后，她又成为 LIBRO 的店员。作为书店员工作了约 16 年之后，她去了一家出版社就职，在那里工作了不到一年便辞职，2010 年 1 月开了自己的书店。

在她开业后一星期左右，我去了趟日暮文库。她寄来的邀请函上画着简单的地图，我据此寻了过去。彼时太阳已落，周围的店铺都合上了卷帘门，唯有一间小屋的玻璃窗上溢满纯白的光，照亮了狭窄的道路。

我从室外向内窥看，原田真弓站在柜台右侧，左侧有两个男人坐在那儿。看来已经满座了呢，我心想。这空间真是狭窄啊，我不无窘迫地拉开门。"啊。"她见了我略有些吃惊，抬手掩口，然后立即请我坐下。

先来的客人中，有一人我有印象，是原田曾在 LIBRO 工作时，某个店铺的店长。另一人则是她还在担任 PARCO BOOK CENTER 店员时期的同事，据说目前也在东京都内经营一家小书店。

寒暄几句之后，我站起身来，一边听他们聊天一边打量店内。说不上环顾，因为这里只有一面被书架占满的墙，每层书架上也都还有空当。

一本以猫的照片作封面的书被放在显眼的地方。有料理相关的书、封面是个衣着朴素的女性站立着的书、《生活手帖》。还有摆着便签与信封的书架。最里面有个书架上陈列着非虚构类与虚构类的单行本、文库本。我兴味盎然地浏览着书脊。水蓝色封面的北山耕平著《像云朵般真实地》，橘色封面的新潮文库版三岛由纪夫系列，高桥章子著《惊吓总在忘却时到来》。《Quick Japan》的创刊预备号及创刊号，最近几期也有。因为我自己也有这本，所以一眼就看到了。话说回来，近年的《Quick Japan》封面太过抢眼，简直让它周围的书都黯然失色。

无法集中精力浏览书架的我，决定再次加入另外三人的对话。总之空间太小，是我对这里的第一印象。我尚未习惯享受这家小小书店的氛围。

喝着原田泡的咖啡，我不由自主地发出了真诚的评价：真好喝啊。

"这个豆子很棒哦，是在附近的目白台的一家店里买的。店里有个看着很严肃的大叔负责烘焙，我也是听人介绍之后去的。"她说。

先来的两位客人似乎也刚到不久，他们身前的两个白色咖啡杯还微微冒着热气。在漫无边际的对话中，我发现他俩也是第一次见面。因为我们三人与原田产生过交集的时间、地点都不同，当原田和我们中的某个人就共识之人的近况展开交谈时，其他两人便默默地听着。从未与她共事过的我，是与她关联最浅的一个。原田尽量将每段对话都控制在较短的时间内。

一段闲散的时间过后，话题终于进入了大家都能参与的方向。

为什么要从出版社辞职，创立自己的书店呢？

"只靠一点……"原田喃喃道，接着沉默片刻，似乎在脑中组织着语言，接着便打起精神讲述起来。

"我觉得，如果有一家只靠微薄退休金就能创办的书店也挺好的。虽然有的公司根本没有退休金，从那种地方离职的人会很艰难。但若是从事书店行业10年、20年，却连一家小书店也开不起来，就太没意思了。很多人是想一直干书店这行的，全国若有1000家这样的人开的书店，社会就会发生变化，那不是很有意思吗？这就是我的想法。虽然我无法创造出那样的书店网络，但自己不试试看，就什么也无法改变呀。"

"我好像说了些自以为了不起的话呢。"原田害羞地笑了。

"并非如此。"我一边说，一边在脑中回味她的话。

因无法抛却热情而开始经营的小书店。

这样的书店如果能在全国开上1000家，社会就会发生变化。

她所宣扬的理念在我心中惬意地回响着。

在中华料理店与卡拉 OK 包厢里进行访谈，便是在这初次访问的四个月后。虽然我要求她从生平开始讲起，但实际上我想了解的只有一件事。

驱使原田真弓创立日暮文库的动机是什么？

如今，销售新书的书店数量持续减少。根据一家名为 Arumedia[1] 的调查公司统计，1992 年，日本有 22000 家以上的书店，2010 年已减少至 15000 家左右，也可以说是尚有 15000 家。除去一部分地域，如今在街市里已经很难见到小型 CD 店与文具店了。无论哪个行业，大多数店铺都随着商店街[2] 的衰退与崩坏而消失。如今，这些店铺存在于大型商业中心或车站商场之中，或是被网购取代。唯有书店，至今

1　Arumedia：一家针对日本书店行业的民间调查企业，其调查数据多被日媒转载分析，与日本经济产业省的官方调查数据相比，更能反映书店行业的实际情况。

2　商店街：指商铺集中分布的街区或地域，有露天式，也有拱廊式。日本的商店街一般位于车站附近，是当地居民日常生活必不可少的购物区；但随着城市现代化的发展，综合性大商场不断出现，各地商店街都受到一定程度的冲击。

仍屹立在全国各地，时常映入我们的眼帘。

不过，随着手机读物和电子书阅读器的出现，书店作为专门的书籍零售店所担任角色的重要性确实有所减弱，且在持续减弱。书店数量还会继续减少，这是无法改变的未来趋势。

但我想知道的，并不仅仅是原田对客观上几已丧失希望的书店业发起挑战的原因。

驱使她开书店的动机是什么？

收到她告知开业的明信片时，我以为动机只是她别无选择。可进入那个五坪的小空间，听她讲述了自己的理想后，我更想深入探究的是，自己为何会觉得她的这种行为是理所当然的。

我认识原田真弓已经有十多年了。她以前是书店员，我是专门报道出版业相关内容的报社记者。当时，她为了推销一套超过一万日元的商品，在店内贴出了一张稍显奇特的海报。那套商品是颇受动漫爱好者喜欢的热门作品的"纪念礼盒"，包含手办及周边。她将漫画中的性感美少女角色从海报上裁剪下来，贴在巨大的模造纸上，并在胸部和臀部塞满棉花制造出立体感，还往其胸部喷了香水。这个创意不仅让人乐在其中，也令顾客感受到店员的诚意。后来，这套商品卖得确实不错。

我不时会造访原田真弓工作的书店，听她讲一讲近期主推的书和书店发生的事。她每过几年便会被调往东京都内的另一家店铺，我也曾极其偶然地在某家店里遇到她，就那样站着跟她聊上片刻。一般的大型书店，员工总会因公司要求而辗转于各家分店。虽然她也曾在某一时期负责自己并不感兴趣的财经类书籍，但每次见面，她总是兴致勃勃地跟我聊起书的话题。

大型书店每天都有大量的新书到货。要决定将每本书放在卖场的哪个位置，必须具备不细读也能把握书籍内容的特殊能力。很久以前我曾问过她个中诀窍，她是这样告诉我的：

"先看标题和装帧，再看目录，然后集中了解关键词，站着看或边走边看，用30秒读完，这样就能知道内容了。如果还是无法把握内容，只能说这本书缺乏商品价值。但例外也时常出现，虽然在30秒内无法把握内容，但让我心生惦念，遇到这样的书，我会在事后找时间仔细阅读。也有的书是事先与出版社方面沟通后再阅读内容，最后决定其摆放位置。但每天早上必定会反复操练的就是那30秒的速读。打开工作场地放书的箱子，用10分钟、15分钟来完成。

"其实这并非什么特殊能力，书店员如果有了负责的书区，都是这么做的。你们也经常看到类似的情景吧？"

"确实如此，但还是很厉害。"我不无恭维地对她的专注力表示了赞扬。

"不过啊，"她嘟囔道，"我有时候会想，这样日复一日给书籍分类，习得一身值得夸耀的整理书的能力，迅速将其摆上书架，事后再次确认发现果然没有错误，像这样把工作一直做下去，真的就够了吗？总觉得自己像在干什么不好的事。"

"不好的事，是对作者吗？还是对出版社？"

"怎么说呢，是对书吧。但也不只是书，还有很多东西。"

每当我到访她所在的卖场，她都会向我介绍负责的书区内销量开始上升的书、她自己喜欢的书，以及最近客人们倾向购买的书。聊得差不多的时候，她总爱说些虚无缥缈的话，例如"觉得自己像在干什么不好的事"之类。听了这话，我确实会产生一种我们全体从业者都拥在一起干坏事的感觉。她这种言论大概也会让某些人觉得不成熟或态度消极。可我觉得，能说出这种话的书店员非常值得信赖，因此总是很期待听到她最后的嘟囔。

话虽如此，我们也不算特别亲近。除了站在书架前闲聊的时间，只有很偶然才会在别的地方碰到。听说她从书店辞职时，我很惊讶，也并不知道她计划开一家自己的书店。但在收到她开业的消息时，我立刻就明白了。

原田真弓的行为里，包含着对书店业现状的抵抗，和想要超越那个发出虚无感叹的自己的愿望。想必她对这个行业的严峻形势一定很了解吧。但她并不想怀抱一种后退式的怀旧主义活在书的世界里，"这样的书店如果能在全国开上1000家，社会就会发生变化"，这句话正是她意志的体现。

她已经有所预感，自己的行为能打开一片天地。不是期待，而该称之为预感，我认为，驱使她走出这一步的，还有某种更宏大的东西。不同于城市与消费结构的变化、技术革新等时代潮流，是渴望传递"书"给大家的人内心深处、近似存在意义般的信念。

不仅仅是原田，在与某类书店员或书店店主接触时，我总能感受到那种情绪。他们被某种或许自己都没意识到的信念激励着，承担了向人们传递"书"的角色。我只能得出这样的结论。

那么，驱使她的是什么？

第一章　反抗的女人

原田真弓创立的"日暮文库"

原田真弓生于 1967 年，茨城县石冈市人。家里从明治时代开始经营一家鱼店，据说专门做外卖和生鱼片生意。

"店里定价的方式简直太随便啦。会根据客人的情况不断变化。有钱的客人收个 5000 日元、10000 日元，没什么钱的客人就只卖 250 日元。当地家家户户之间的联系也很密切，比如我在放学回家的路上贪玩闲逛，还没到家，父母就已经从别人口中听说了。"

营业时间内的日暮文库店门口放着一块木制招牌，尺寸虽小，却相当华丽。不规则形状的褐色木板上用白色字体写着店名，听说这是她父亲，一个美术造诣颇深的爱好者送给她的礼物。"明明没有要求，他却擅自做好了送来，没办法，就只好用上了。"原田有些不好意思地说。能看出，她成长于一个充满爱的家庭。原田的母亲在她大学一年级的时候去世了。

在老家读到高中的原田复读了两年，考入东洋大学，开始独自在东京生活。大学时代，她就在两家书店打过工，但当时并未立志成为书店员，真正让她走入这个行业的契机，是在学生时期决定结婚这件事。男方当时已经进入大学院[1]，因为没有收入，遭到了他父母的坚决反对。"我一冲动就告

---

1 大学院：日本的大学院分为博士前期与后期，前期对应中国的研究生阶段，后期则对应博士阶段。

诉他们，我去工作，他的学费由我来出，不会有问题。其实我也想继续读大学院，本来是计划先工作三年，让他们放下心来再辞职的。因为想从事跟书相关的工作，具体想来也只有书店这个选择。出版社在当时的我看来，是个没有奖金、吃了上顿没下顿的贫穷世界。除此之外，那时候吉祥寺的 PARCO BOOK CENTER 给我的印象很好。1990 年左右，我还是个学生，经常出入那里。怎么说呢，那里有种支持弱者的氛围，我记得曾经在那儿看到过许多面向少数人群的书，因此对它很有好感。"

1992 年，原田进入了 PARCO 旗下运营书店业务的 ACROS 株式会社。如今的 PARCO 从属于从事不动产开发等经营活动的"森 TRUST 集团"，2011 年开始，AEON 也成为其大股东之一，公司实力得到壮大，但在当时，它还是"SAISON 集团"的一员。自 1969 年起，PARCO 接受西武百货商店的投资，1980 年开始进入书店行业。原田所说的那家"很有好感"的书店位于东京吉祥寺的 PARCO 商场内，是其开设的一号店。ACROS 则是 PARCO 为了更好地发展书店事业于 1989 年设立的一家新公司。同一组织内部，还有1985 年由"西武 BOOK CENTER"改名的 LIBRO 备受关注。

比起已经成长为国际连锁店的 LIBRO，PARCO BOOK CENTER 店铺数量最多的时期也只有 14 家（直营店 13 家，加盟店 1 家）。不过，PARCO 虽然资本上隶属于 SAISON 集团，但它发展出了脱离"SAISON 文化"的"PARCO 文化"，并充分发挥了自身特质。PARCO BOOK CENTER 也如此，是与 LIBRO 个性迥异的书店。1994 年，当 LIBRO 的母公司转变为 SAISON 集团经营便利店业务的"全家"时，所谓的 SAISON 文化也走到了终点，此后便是集团的解体与重组。1999 年，LIBRO 的母公司变为 PARCO，2000 年，根据书店行业的合并政策，PARCO BOOK CENTER 被 LIBRO 兼并了。

关于 SAISON 集团的变迁，2010 年有《SAISON 文化的梦想是什么》（永江朗著）、《SAISON 的挫折与再生》（由井常彦、伊藤修、田付茉莉子著）等大量相关著作出版。而曾是集团一员的 LIBRO 内部也出了今泉正光、中村文孝、田口久美子等业内外知名书店员，他们后来出版了《书店风云录》（田口久美子著）、《"今泉书架"与 LIBRO 时代》（今泉正光著）、《在 LIBRO 还是书店的年代》（中村文孝著）等作品，谈论 LIBRO 时代的经历。已故的第一代社长小川道明也曾写过《书架的思想》一书。

然而，这些书里几乎都未提及 PARCO BOOK CENTER。作为同一集团旗下的书店，合并前的 LIBRO 与 PARCO BOOK CENTER 之间似乎并没有过密切的交流。在一号店开业 20 年后被 LIBRO 兼并，最终连店名也消亡了，PARCO

BOOK CENTER 的历史与变迁，也没有任何一本书总结过。

据原田回忆，她自己并没有在学生时代被 SAISON 文化、PARCO 文化吸引过。即便是吉祥寺的 PARCO BOOK CENTER，她也只记得店内书籍的陈列。比原田小三岁的我也一样。高中时代出没于涩谷周边，大学时代则是池袋周边，日结工资是唯一的零花钱，将其耗费在弹珠店后，只能在旧书店"100 日元 3 本"的区域偷翻一会儿书。对那时的我来说，DC[1] 的洋装、满是难懂词汇的"被时尚化的知识领域"，都只是过目即忘的东西。

不过，也不能随随便便就说原田跟我一样。

"我大学的专业是印度哲学，当初也是因为想学这个才进了东洋大学。[2] 关于唯心论的文献，我几乎把能找到的都看完了，有段时间还研究了梵语。当时最常去的就是大型书店的学术区域。或许也是因为这个吧，吉祥寺的 PARCO BOOK CENTER 给我一种耳目一新的感觉。那时候我也给大型书店投过简历哦，像是三省堂书店和丸善书店。去丸善参加面试的时候，我表示如果能被录取，最想做一名书店员。面试官听了笑着说：'书可是赚不了钱的哦。'他还说从四年

---

1 DC：20 世纪 80 年代在日本社会上广泛流行的高级时尚品牌的总称。D 是 "Designer's"，C 是 "Character's" 的简称。

2 东洋大学是日本私立大学，前身是 1887 年由教育家井上圆了创立的"哲学馆"，1906 年改名为"东洋大学"。

制大学毕业的学生都会被安排到不动产事业部。我当时心想：这些家伙简直忘了自己的老本行啊（笑）。或许我只是刚好遇到了这样的面试官而已。但最终，我没能进入二次面试。"

进入 ACROS 的原田一开始就被安排到 PARCO BOOK CENTER 大泉店（东京·练马区），在那里度过了四年。一般说来，新社员大都会被派往涩谷、吉祥寺等区域的主要店铺，跟着前辈们慢慢学习书店行业的基本知识，但原田一入社就被送去了店员很少、亟须战斗力的店铺。第二年，她遇到了从其他事业部调来担任店长的佐藤慎哉，此后受到他的诸多影响。

"总之他这个人非常严格，会突然塞给我一张列满漫画书名的清单，让我按照这个一本不漏地进货，或是让我每天上交预算表，教我如何平衡开支和营业额。不只是我，所有人都很辛苦。因为人手不够，我还曾在同一时期负责文艺类、实用类、文库类、新书[1] 类几个领域。有时候还要管理打工人员的出退勤记录，忙得简直像是在参加店长培训。不是有那种在部下需要的时候给予帮助的上司吗？但他从不那样，是个冷漠的人。但后来，我在其他各种店长手下干过之后才意识到他的优势。会向部下伸出援手的人，大都无暇考虑要

1　新书：此处的"新书"特指与文库本、单行本并列的一种书的开本。新书开本虽然也有小说、漫画等虚构作品，但知识类、教养类的书最为常见，因此逐渐成为该开本中此类书籍的代称。日本各大出版社都有新书这个出版门类。

将大家带往何方。而他，却是根据每个人的实力状况来分配工作，说'你干这个''你朝这个方向努力'。其他人怎么想的我不太清楚，但我觉得有他带领，书店就不会迷失前进的方向。

"但总体说来，他还是挺烦人的。我有段时间负责漫画类，有一次不小心订错了分册包装用的气泡纸袋，订了两个月的，实际上也就多了一个月的量，只要下个月不再订购就行了嘛。但他知道以后就把我叫过去，先问了我上个月的漫画销售额，然后说，明明就这点营业额，怎么会订购这么多气泡纸袋，作为一个书店员，竟然对每个月的销售额与开支这么迟钝，你这样是不行的。他就这样诘问我、教训我。终于训完，让我离开没多久又把我叫过去，说他刚跟供货商电话联系过退货的事了，对方也已经同意，让我立刻到便利店，用自己的钱赔偿损失，[1] 因为这个失误是我造成的。他总是用这种口吻和态度对待我，像个施虐狂，搞得我当时很受伤。不过，毕竟是新人时期，他教的东西我很快就学会了。后来我跟他维持了很长时间的上下级关系，他总是对我说：'不要因为受到外界一点夸奖就自满啊。人家表扬的不是你，是我们整间店铺。正因为有了这家店，我们才能做出成绩，所以只要默默做自己该做的事，想着怎么增强实力就够了。'我确实是

---

1 日本的便利店可以提供汇款、购票等服务。

个容易得意忘形的人，所以他可能也是故意这么说的。"

以上这些内容，大概也表明原田作为一个书店员，很早就已经开始发挥自己的实力。入社第三年，她为料理书籍的畅销做出的贡献受到认可，获得了文化出版局[1]颁发的"销售特别奖"。

"虽然如今各个出版社都做了大量料理相关的书籍，但在当时，还没有哪家出版过针对年轻人的漂亮又时尚的料理书呢。所以每当出版社的人来店里，我都会对他们说：'请出版一些女孩子会觉得可爱并愿意购买的料理书吧！'因为是我自己拜托人家做的书，当然要拼命推销。不过，在获得那个奖的时候，我第一次被佐藤店长表扬了。他说：'你很棒。干得好。'这跟他平时教训我的时候判若两人。我受宠若惊，当晚居然发烧了。"

获奖这件事，无疑也给入职仅三年的原田带来了自信。

——不过，能向出版社提出企划方案，说明你已经拥有了某种心得体会。有没有哪个瞬间，是你觉得自己比同年龄段的同事更加厉害的呢？

"我其实也挺不得要领的。举个例子，我最初负责的是实用类书籍，此前我对它们可谓兴趣全无，料理书更是一本也没买过。如果买了意大利面，只要照着包装袋上的烹饪方

1　文化出版局：日本一家出版社的名字。

法去做不就好了吗？我当时就是这么想的，完全无法理解什么人会买这种书。所以我其实花了相当长的时间，才真正开始理解自己的工作内容。因为这个，还经常被佐藤店长训斥。但有一天，在某个瞬间，我突然就看见了书架的全貌。必要的书本配置、陈列方法等，一下子就领悟了。想来，是在获奖后的第三年吧。"

——必要的陈列，是指为了提高书架上书的销量而设计的陈列方式吗？

"对我来说，那就是一切。因为创造营业额是工作的基本。"

——原来如此啊。

"因为有的人满口道理，实际上却拿不出什么销售业绩……此外，我被分去主管新的图书门类时，也要认真环视整个书架才会渐渐产生一些想法。比如，这类书的营业额还能再提升五个百分点等等。"

——这大概要花多少时间呢？

"要用一个月左右的时间来思考吧。当然，此后若不继续下去就没有意义。大概是从第一次看到书架全貌的时候开始吧，我比从前更加自信了。"

——还能再提升五个百分点，是指放入某本书，就能在一个月内卖掉多少本、增加多少营业额这样的计算吗？

"这种计算也是有的。此外，还有书籍类型的配置。例如，将法国料理、意大利料理的书放在一起，却把制作和式点心的书放到别的地方，这种陈列就是错的。客人大多数都是从店门口走到这个书架前，这里存在一个视线移动过程的问题；书架前用来堆书的展示台也包含在视线范围内。简单说来，如果在陈列日本料理的书架前的展示台上堆放法国料理的书籍，客人的视线就会偏离原本的方向。本来想买本书回家的情绪会在不知不觉间消失，最后两手空空地离开。"

——这样一来，书架就死了。

"没错。换句话说，法国料理的实际需求量不大，这样陈列只是为了充门面，显示自己店里有很多漂亮的新书，客人是不会把书买回家的。与其这样，还不如把普遍卖得不错的日本料理类书籍准备齐全。当然，具体的陈列方法根据书店的选址、顾客群、时期等不同也会有所变化。另外还有一点，这本书为什么不能放在这里，这里为什么必须放这本书而非那本书，将这类问题用语言描述出来，对我而言是很重要的。书店员大都是匠人[1]性格，比起用脑子思考或口头表述，更多的时候是直接付诸行动。因此，对我而言，这是抓住诀窍、不断进步的方法。将自己咀嚼后得出的经验用自己的语言表达出来，这样一来，即使被派往另一个卖场，也能灵活运用。"

——教给你这些方法的人是？

"想来应该还是佐藤店长。他在毫无书店工作经验的时

---

1 匠人：工匠、手艺人，某个领域内的行家。

候就被派来做店长了，因此不得不跟销售前线的老员工交锋。而且两年后他要回公司本部，这件事早已定下，所以他必须在有限的时间里拿出业绩。这种情况下，他要命令部下办事，就必须说清楚某个方案为什么行，为什么不行。想来他必定是深思熟虑过的吧。"

——插在书架里的一本本书是要退货还是补货，或者就把目前的库存卖完为止，诸如此类的判断也是经过理性考量的吗？

"是的。关键是对退货的判断。书架上的书，减量其实比增量更为重要。想来是因为如今这个时代，商品数量本来就太多了。"

——莫名其妙被保留下来的书太多，会让书架失去竞争力吗？

"如果书架上有明明卖不掉却不知为何没有退货的书，往后会越来越麻烦，但有时候我也会故意放一些卖不掉的书。不是有那种为了学习日本料理的做法而到店里买书的人吗？他们一般都会在几本之间做比较。"

——也就是用卖不掉的书作陪衬，去推销想卖的书？

"这个不大好说呢。因为出版社也不希望自己出的书受到这样的对待呀。但事实上确实有，我自己这样干过，和我一样干过这事的书店员想必很多。"

用陈列方式诱导进店的顾客，使其产生一种拥有自主选择权的感觉，是多数零售店的常用手段。即便是在书店里，并排摆放的书也不是偶然被放在一起，而是作为一个连续的整体存在。当然，除了在销量王牌的旁边放上用来陪衬的书这种组合方式之外，还有能让人眼花缭乱、什么都想买的陈列方式。根据店铺的不同，有效的展示方法也不同。车站内那种给人感觉很匆忙的书店，需要让人速战速决的书籍陈列法。而重视发展潜在客户数量的店铺，则会尽力给客人营造一种"喜欢的书有很多，下次再来吧"的感受。

不过最近，像这样在书架上花功夫的展示日益减少。这与近些年来，书店员的手写广告[1]增多不无关系。这是一种促销手段，由书店员将自己对某本书的感悟用手写信的方式贴在商品旁边，客人看了会产生一种"这么好看吗？那买来看看吧"的想法。该手段增加的原因，是书店的大型化让单本书的存在感变得稀薄、书太多导致买方和卖方都无从选择、亚马逊等网上书店招致的抵触情绪，以及书店员们的心声——"唯有这本书不能被埋没"。也有书店对此心存质疑，认为此法会显得店家主导性过强，反而不使用手写广告，或限定手写广告的数量。不管怎么说，如今，刻意不以书架的陈列代表整个卖场的书店，以及没兴趣自主发现书架内惊喜

1　手写广告：POP，Point of Purchase Advertising 的缩写。零售店用来促销某种商品而在店内使用的广告媒介。本书中专指书店里由书店员亲手写的具有书店或个人风格的广告。

的顾客确实在增多。

——如果用这种观点来考虑书架陈列，万一公司本部或是出版社、发行商等要求你们根据全国销量排行榜数据，在陈列上突出名列前茅的图书，会让你们很难做吧。毕竟要利用那些卖不掉的书来填充整个书架。

"他们把占据了排行榜前列的书打包送来让我们卖，这件事本身倒是没什么问题。问题是，实现销售额的前提，是把这些书摆成一排就能全部卖掉。这种完全不懂卖场规则的指示非常讨厌。就算完全按照全国数据把料理书榜单的前20位摆在书架上，实际销量也不可能完全按榜单来走啊。"

——统计数据充其量也只是各个店铺的销量合计，这一点他们似乎并没有考虑到呢。

"某本书在全国范围内卖得不错，这种信息当然可以作为参考。但说得极端一点，无论它排在全国第几位，也只能按照每家店铺自己的销售方法来卖呀。"

销售占据榜单前列的书。原田真弓并未否定这种行为，只是表示，每家店铺的书架都有自己的特色和属性，因此销量也不会跟着全国统计的数据走。

这让我回想起岩波 BOOK CENTER（东京·神保町）的社长柴田信的话。柴田信是位名人，年过八旬还在坚持撰写书店现场报道，为了守护书店的存在而积极发言。他可不只是个善良的老头儿，他还能操纵从业界报纸到全国报纸等大小媒体，长期维持自己的地盘——神保町的曝光度，是个厉害人物。

这位柴田社长某一天对我说："不久后，就连商品知识，也必须具体到某个商品个体才能运用。

"如果只需要找到尽可能多的书，直接在亚马逊上搜索就行了。这任谁都能做到。但对书店员来说，把书的书名记得再清楚也没用。一本书旁边该放什么书，如果认为这是由既定原理或原则规定的，那不如直接在亚马逊上一键下单。书店所保留的，是个体的特质。在我的店里，最不可或缺的是什么？我又该如何陈列它？重要的是这个。换句话说，针对商品个体的知识、设计书架的能力才是必不可少的。培养这种能力要花费很长的时间，如果来店里工作的年轻人干个五年十年就辞职，可是会让我头疼的啊。经营者必须重新进行长期的人才培养，让员工在自己店里工作到退休。这是一种必需。"

这十来年，企业为了控制用人成本而使用合同工[1]、短期工负责卖场的做法蔚然成风。某家连锁书店近期开设的分店店长是位 20 岁出头、入社仅三个月的合同工，我听说这件事后曾到那家店里去看过，心想这种提拔如有其深意，就不该全盘否定。但那家新店着实令人失望。原田和柴田所说的那种"书架"，在那里连个影子也看不到。那家连锁书店只

1　合同工：指与公司签订短期劳动合同的员工，是非正式雇用的一种形式。

是在一味增加店铺数量，当扩张的手段用到极限，又会急忙开始减少店铺数量与员工人数。而采取类似经营方针的书店不止这一家。

柴田想要把员工培养到退休为止的理念，与这类经营方针完全对立。当然，也没人能保证他那样的书店就一定能坚持到最后。

"我认为，书店员的快乐存在于各种细微之处，大概其他人也跟我一样吧。"原田如此说道。

"每当设计出一个好的书架，我就会默默猜测，客人会不会把书取下来翻看呢。我喜欢这种心怀期待的感觉。能集中精力做这些事的时代最为快乐。"

能或不能设计出"好的书架"，二者的区别在哪里呢？当我这样询问时，原田绕了个好大的圈子，先强调"不能一概而论，因为眼下的世界万事都向钱看，到最后都得看营业额、看结果"，然后才开始讲述。

"在我看来，书店员设计书架的方法可分为'填充型'和'舍弃型'，这是问题的切入点之一。就拿日本小说类的书架举例吧，如果负责这类书架，将应该陈列的作家严格按照 a、i、u、e、o 进行排列 [1] 的就是前者。例如，提到伊坂幸

1　将作家姓名首字母按日文假名的五十音顺序进行排列，类似英文中按字母表顺序排列。

太郎先生的书，某本和某本是必须要有的，像这样将每个作家的代表作品放进去，卖掉后又补货。而舍弃型，就是店员如果觉得眼下是主推伊坂幸太郎的时机，就把他的书全部摆上去，或者将别家店不怎么推荐的书放到显眼的位置，更好卖的作家的书却一本也不放。这种人会若无其事地说'没地方摆，所以撤下来了'，然后被店长责骂。后者往往是性情多变的人，一旦失败，营业额也会下跌，但倘若他们捕捉到了时代的律动，就很容易设计出极具存在感的书架陈列。前者大多是只会按要求完成工作的年轻人，后者无论是在哪里干些什么，都会用自己的方式发现某个主题，将其呈现在自己负责的书架区域。问题在于，周围的人是否能理解他的想法。因此，他们会时常碰壁，进展不顺。"

以上，是原田从她曾经就职的书店工作中得出的经验——尤其是在 2000 年，PARCO BOOK CENTER 被兼并，且隶属于 LIBRO 之后。LIBRO 在 SAISON 集团内频繁更换母公司，至 1999 年 12 月，终于成为 PARCO 的子公司。不久后，PARCO 被纳入森 TRUST 旗下，以此为契机，LIBRO 脱离了 SAISON 集团。自此，PARCO 持续切割其持有的专门零售业，2003 年将 LIBRO 的股份转卖给国内最大的出版发行企业，也是 LIBRO 曾经的主要客户，日本出版贩卖公司（简称"日贩"）。这种不断变换母公司的慌乱状态，想必也以各种方式在书店现场呈现出来。

原田认为，LIBRO 是培养并助她实现飞跃的企业。虽然作为 PARCO BOOK CENTER 店员的八年间，她除了前面提到的料理书，还完成了其他好几项突出的业绩，也发掘过无名作家，但真正在出版社的营业人员[1]中产生影响，却是在她成为 LIBRO 所属员工后的八年间。

成为 LIBRO 社员之后的原田曾被派往池袋 PARCO 店、池袋总店、涩谷店等主要店铺。在涩谷店工作时期，她通过在免费报纸撰写书评专栏等活动渐渐扬名。每次跟原田碰面，她都会带来最近主推的书、想推荐给我的书。因为她的介绍总能让人产生阅读的欲望，委托她写书评的人增多也理所当然。

但她本人对此的说法是，活跃在媒体上只是为了帮店铺扩大名气，是刻意打广告，而真正的她并不喜欢出风头。这话在我听来有点奇怪。因为在我印象中，原田真弓并不讨厌引人注目。为什么她要塑造这样一种深沉的印象呢？是因为曾经的上司佐藤店长的教导，还是单纯出于害羞？

事实上，这是和她一样，甚至比她更常出现在媒体上的书店员们共同的特点。他们大概处于一种旁人难以想象

1　日本出版界的营业人员（営業）的主要工作是跑外勤，开拓市场的同时进行市场调研。其业务内容可细分为三个方向：面向书店、面向发行商、面向广告商（这部分有时也独立为宣传部门存在）。这与中国出版界的营销人员（营销编辑）职能有所不同，故直接翻译为"营业人员"。

的两难境地之中，一方面受到店长和同事们越发严格的要求，一方面还会被不认识的人中伤。他们中的一些人还被出版社当作活招牌，帮忙推荐"备受瞩目的新书"。在"领袖型书店员"[1]这个词被滥用的时期，曾有过相关事件，如今仍在发生。

以前，我在仙台一家大型书店遭遇过一件令人厌恶的事。某家大型出版社正在做文库本展销会，会场中摆了块广告牌，上面写着"全国各地领袖型书店员推荐的书"。十多个书店员的头像照被贴在上面，每个人都从该出版社的文库系列中挑出一本做了解说。"不要把他们塞进这种被限制的框架内好吗，"我心想，"如果要把书店员推到台前，就应该让他们自由地选择、推荐。"而那块招牌上的书店员，却只能在有限的文库系列中选择一本。即使在出版社主导的卖场活动中，这也算是最差劲的了。后来，那场展销会并未扩大到其他地区，想来是反响不佳。

许多领袖型书店员都和原田一样，表示自己不会因为出现在媒体上就沾沾自喜，事实上确实如此。他们不会因这种

1　领袖型书店员：カリスマ书店员，カリスマ（charisma）即领袖，指具有超凡资质的人，原用于形容宗教领袖、预言家、军事英雄等，现引申为具有领袖气质、受人拥戴的人。领袖型书店员，即书店行业内有影响力的店员、意见领袖。这个词已成为日本书店行业的惯用语，随着书店行业的发展，领袖型书店员对媒体、出版商、发行商都产生了影响。

事产生情绪波动，也表明书店员的劳动环境与工资水准不容乐观。

我虽然讨厌领袖型书店员这种肤浅的称呼，但既然是通过"书"讲述事物道理的书店员，我期待他们能更踊跃地发表自己的观点。就像每个地方都有受人尊敬的医生和老师，各地的书店店主与店员也可以成为这种角色。承担这种基本职能的社会角色一度存在，如今或许仍以某种形式存在着。

我说出了自己的想法，原田则是语焉不详地附和道："是啊，要把客人吸引到店里来，首先得让他们知道我们书店的名字和魅力对吧？所以我帮媒体写文章的绝对条件，就是要把店名署上。想要尽可能地增加客源，就必须出名。"果然，我还是从这些话里觉察到某种怪异。她明明是想说，她在媒体上曝光的目的是"卖书"，而我却在不知不觉间开始思考："书店员究竟是什么？"

事实上，我一开始想确认的并不是这个，而是经常出现在媒体上、姓名逐渐为人所知是否为原田真弓独立开店创造了契机。

——我还以为，你是在 LIBRO 工作期间，因为干的工作不符合预期，才萌生了想要独立出来的念头呢。

"不是的。我从 LIBRO 辞职的时候完全没想过这件事。毕竟开店就是经营啊。我一直认为自己不可能成为一个经营者。"

——离开 LIBRO 到出版社工作又是为什么呢？

"因为那时，在 LIBRO 已经没有我想干的事了。怎么办呢？我当时就想着，不如到出版的源头 [1] 去试试吧。虽然从结果上来看，那段时间成了后来开店的准备期，但在当时，我并没有想过会只干 10 个月就辞职。"

——你也没有考虑过到其他书店工作。所以，与其说你是从 LIBRO 辞职，不如说是离开了 16 年来从事的书店员这一职业吧。

"我猜，从工作了很长时间的公司辞职的人都会有类似的感觉吧，心里积压了很多东西。对公司虽然有感恩，但也并非没有不满。我在 LIBRO 的八年间，总感觉自己是在一点点修正 PARCO 时代所学的东西。像是书架陈列的技巧、自主创造畅销商品的方法，基本都是在 PARCO 工作时已经学过的。虽然也并非全是无聊的回炉重造……但果然，在书店工作这件事本身已经很难持续下去了。明确地说，应该是从那时候开始的，从 LIBRO 成为日贩的子公司，全体连锁店的订货数、库存量也被日贩掌握的时候开始。"

21 世纪前 10 年，日贩、东贩之类的出版流通业者，即

---

1 原文为"版元"，即出版商、出版社。此处译作"出版的源头"，是为了与出版产业链条较后期的书店相对应。

发行商 [1]，强化了他们与合作书店之间关于共享库存和销售数据的系统，开发面向书店的 POS 系统 [2]，用尽可能低的价格提供使用，并反复进行版本升级。这是为了减少多余的供货，抑制退货，试图以此解决出版流通方面多年来存在的问题。为了做到这点，首先必须创造出能够正确而迅速地掌握书店数据的系统。

出版物的流通，正是因为"书店可以将卖不掉的书退货"这一委托销售 [3] 的规则、惯例的存在，才给一些"摆了才知道能不能卖""只能卖出很少量"的书提供了进入全国各地书店的机会。从书籍这种商品的特性来看，这是个很好的规则，但它反过来也会被恶意利用。

举例而言，出版社可能会为了确保名目上的销售额而滥

1　原文为"取次"，是指介于出版社和书店之间的中间商，也包含经销商。日本出版界的主要发行商是日贩、东贩两家，据说占据了全国 70% 的发行量。而在中国，基本每个出版社（出版集团）乃至民营公司都有自己的发行部门，与经销商不同。因原文中并未严格区分发行商与经销商的差别，本书将"取次"统一译作"发行商"。

2　POS 系统：Point of Sales System，又称"销售时点信息系统"。一种能即时反映出顾客购买的商品名称及数目，并基于此对商品库存与销售额进行管理的系统。

3　委托销售：出版行业的委托销售，是出版社或发行商与书店之间的一种业务合作形式。书店从出版社或发行商处进货，在店内陈列销售，经过一段时期后，可按双方事先约定的退货条件将卖不掉的部分退货。这种合作方式虽然在日本的出版行业最为常见，但过程中产生的退货率的增长也成为问题。

造书籍，使其流向书店。无论如何，发出去的部分是可以算入当月营业额的。到后期，这些书卖不掉又会被退回来。发行商支付给出版社的金额，是用发货量的金额减去退货量的金额后剩下的部分，因此，出版社为了避免陷入赤字危机，会再次大量发货给书店。这种无视真正需求的发货，和因此而扩大的退货量会不断反复，最后变成只能以负债经营的方式来维持企业生存。

书店方面则是以跟出版社相反的方式利用这种惯例。因为书店支付给发行商的金额，是进货量减去退货量后的部分，为了减少支付金额，他们会尽可能地加大退货量。我甚至听到过某家公司的社长对员工发出指示，说的不是"某本书和某本书看来卖不掉了，退掉吧"，而是"这次要退掉 500 万日元的书"。退货已经变成如此理所当然的行为了。

对于夹在出版社和书店之间掌握书籍和资金来往的发行商而言，类似的状况若过于严重，会导致无用成本的增大。发行商从出版社那里订购了过量的书送去书店，果不其然产生大量退货，书又回到了出版社。在新书市场呈上升趋势的年代，总销售量增长能在某种程度上弥补这部分损失，但从 20 世纪 90 年代开始，出版市场开始下滑，这种惯例却仍在持续。耗费在送货、退货上的成本渐渐给发行商的经营造成很大的困难，甚至让他们濒临破产。

根据出版科学研究所的调查，一年内经发行商流通到市场上的新书品种，1982年超过了三万种，1995年超过了六万种。如今已经达到了七八万种。其间，发行商为了书籍的保管、流通，不断增设新的仓库，以对应洪水般涌来的新书。但伴随扩建仓库、增大发行量而产生的管理费等开销也随之增长。

如果从一开始就知道没用，便可以直接拒绝那些卖不掉的书。对企业而言，这大概是理所当然的应对措施，但以广泛销售各种书籍为使命的发行商却没办法这样做。虽然可以减少每个品种的进货量，但即使是内心觉得"卖不出去"的书，发行商在原则上也得接受合作出版社的所有新书。因为日本的发行商虽然是私营企业，但他们不仅要从企业自身盈亏出发，还承担着支持出版文化的责任。"书"既是商品又是文化财产，这种自相矛盾的特征也完美体现在发行商身上。发行商能够接纳这种矛盾，是日本出版行业的发展比全世界任何国家都要安定的原因之一。

通过POS系统加强与书店间的联系，以便把握各店的销售情况和库存是因为发行商再也无法接纳这种矛盾了。如果不切实采取手段提高效率，出版流通业就真的要破产了——发行商们产生了这种紧迫感。制造商、批发商、零售商共享销售数据的行为早已渗透了其他行业，出版界事到如今才开始推进，毋宁说是太迟了。

"像这样被导入系统，正是工作变得越来越难做的最大原因。"原田说。抱有同样想法的不止她一人，也有的书店拒绝引进发行商提供的 POS 系统。

"简直就像我们的成果被人偷走了一样。"原田解释道。

"他们什么都不明说，这点更让人反感。就拿涩谷店来举例吧，选址在那里本身就是看中了涩谷作为流行发祥地的优势，那家店也会刻意陈列一些小众、冷门的品种。眼下因正在往车站地下搬迁而暂时关店的 Book1st[1] 涩谷店也很擅长这种经营方式。我自己店里的盈亏也与书架上能陈列多少这类书籍息息相关，但这需要花时间慢慢培养。因为那些书的有趣之处尚未被世人察觉，所以一开始不怎么能卖。书店需要不断改变摆放位置和展示方式，一点一点推动销量，等到它终于广为人知，再进一步扩大宣传力度，有这样一个销售的过程。但当日贩可以利用 POS 系统查询订货量和库存之后，一本还在销售过程中的书，会迅速扩大发行范围，连TSUTAYA[2] 和其他地区的书店都开始卖了。这事儿还是一位到处出差的出版社营业人员告诉我的，日贩的人谁也不曾坦白，但相似的事都发生在安装了日贩 POS 系统的书店。"

---

1 Book1st：东贩的子公司运营的连锁书店。

2 TSUTAYA：即"茑屋"。茑屋的店铺分为两种类型，一种以"TSUTAYA"为名，一种以汉字"茑屋书店"为名。"TSUTAYA"是影音租赁、销售连锁店，店铺数量众多。除了租赁、销售 CD 或 DVD 之外，还卖书和杂志等。"茑屋书店"是类似代官山茑屋书店一类的时尚场所，店铺数量较少。

——也就是说，您店里主推的书一旦开始大卖，营业额数据就会被日贩知道，并共享给与之有合作关系的所有书店，告诉他们某家店这本书卖得很好，号召大家一起来卖。明明是您好不容易发掘培养起来的书，遇到这种事，确实是开心不起来呢。

"开心不起来……确实也会产生这种私人情绪。我很喜欢做一些令人惊讶的事。为什么这本书会卖得这么好呢？怎么做到的？如果有人来问我，我会非常开心。但那不过是我的私欲，完成那本书的是作者和出版社，我是不可能独占这份功劳的。况且要是想独占一本书，那它就永远不可能被大众知晓。问题是，如此迅速地扩大它的知名度，会让这本书在根基尚未牢固、优势尚未凸显之前就被消费殆尽。"

——确实，费心研究怎样才能把一本书卖好的人，与见到它好卖就让店员摆上书架的店铺，销售方式也不一样。

"最近的例子，就是'森系女孩'潮流了吧。让人联想到森林的女孩形象及相关时尚。其实换个视角就能发现，从前也有过这种案例，但很多人似乎没有意识到呢（笑）。不管怎么说，有出版社在一开始就站在这个角度做书，这很有意思。但要想让它的魅力深入人心，最好多花些时间等相关概念慢慢传播。可它却迅速地普及开来，在全国各地的TSUTAYA上架。如今，出版社不是也能看到所谓的销售数据吗？所以突然涌现了大批出版方，都开始制作森系女孩主题的书。不禁让人想质问一句'贵社凭什么？'。如此这般，森系女孩的概念也被瞬间消费掉，还没完全确立起来就消失了。原本如果能花时间慢慢去做，和涩谷的洋服店之类合作，应该还能做出许多新东西。"

据原田回忆，所谓的"咖啡书"风潮是花了三年时间才慢慢培养起来的。而 MAGAZINE HOUSE[1] 的《ku:nel》杂志等"生活类"刊物，仅仅三个多月就已经渗透各大书店，这太快了。到了森系女孩，可以说是还没来得及进行概念培养就结束了。确实，只有经过精心培育的东西，所形成的领域才能被长久地记住。

近年来，发行商根据书店的销售数据、顾客的购买数据向出版社提出新书的策划方案，在书籍出版后负责大量进货，分配给各家书店销售，这种情形也越来越常见。对书店，发行商还开始制定一些规则，例如退货少就给予奖励，退货多则课以罚金。不仅仅是要消除无用功，对做不出畅销书的出版社和没有销售能力的书店，发行方也不再坐视不理，开始采取行动。有人将类似的倾向评价为：出版界终于也要开始自下而上进行变革了。

在这场变革中，也有跟原田真弓一样失去工作动力的书

1　MAGAZINE HOUSE：日本知名杂志出版社，也出版书籍。旗下有《POPEYE》《an·an》等知名人气杂志。

店员。之后，她向一位发行公司的部长吐露内心的愤怒和失望，那位部长却说："作为同行，日贩能将系统的功能发挥到如此地步，只能说是太厉害了。对早期发掘图书的书店员而言，确实会开心不起来吧。好不容易才找到的东西，立刻就被消费光了，这种情况确实成问题。但如今已经没时间讨论这些了，只能不断挖掘能卖的产品，优先将它们送出去。发行商的渠道和书店的卖场都快要挤爆了，没工夫再给你犹豫。日贩其实是基于现实状况做了正确的判断。当然，这样的社会确实也很无趣。"

作为流通行业的发行商已经开始影响商品政策，此事加剧了全国各地书籍陈列与销售形式的僵化，书的世界也因此失去自由度，变得乏味。想来很多人都有同感吧。另一方面，大多数人也认为，这种趋势已无法遏制。如果放任不管，支撑出版流通的基本功能就会崩溃，这种危机意识成了发行商的原动力，而一直身处流通环节中的人，对此也难以反驳。

自己播下的种子，花还没开就被人连根拔起，原田真弓对自己管理的书架受到系统侵蚀一事心生怒火，但她更加深切感受到的是，出版发行整个产业正在朝着另一个方向发展，且很快就无法让她按自己所想的方式工作了。

发行商原本是站在出版社与书店之间，推动并维持出版市场发展的。该往哪里送多少本书？与之相对要减少发往哪里的册数？钱应该从哪里收，又付给谁？原本的领导者对行业整体的掌控，是建立在无法看清重要症结的基础上的。这个黑洞对社会是一种必要之恶。虽然也会有人从中获利或因此蒙受损失，但大多数人是因为它才能勉强维持生存。

如今我们很容易就发现，被称为权力阶级的人大都受到这种使命的束缚。支撑日本出版事业的发行商们认为，事态或许已经无法挽回了，但我还是觉得不能轻言放弃。他们虽是以自己公司的存续为前提，却也在拼命重整濒死的新书市场，正是因为我对此举充满敬意，才觉得有些话必须说出来。如今发行商的物流改善措施与追随其后的出版社和书店前进的道路，正在杀死"书"，并极有可能杀死想把"书"送到读者手中的人们。事实上这种杀戮已经开始了。眼下最紧要的不只是推动效率化，还应该考虑如何确保"书"的世界的多样性，如何支持正要着手去做这些事的人。

让原田真弓从 LIBRO 辞职的直接原因，据她说是从辞职前两年开始实施的一项规定：每个人每年都要在全体社员面前讲述"今年的抱负"。第一年她随便写了写，到第二年却写不出来了。虽然心里也有不满——为什么资深员工还要做这种事，但更重要的是，她意识到自己不再拥有值得用言语描述的目标。

"其实我也认真考虑过，随便写点什么大概也可以敷衍过去。佐藤店长曾经说过'卖吧卖吧，自食其力地干'，但作为公司员工，光是那样也会有行不通的时候。无视总部或上司的命令，按自己的想法干出成绩给他们看，还不如在明知卖不出去的情况下依旧按指示陈列书籍。这样做反而不会让自己的立场难堪。有时候我觉得他们的想法不对，也会跟上面提意见，但我并不是个强势的人，总会想办法折中处理，自己不肯退让的部分也会想办法糊弄上面。这样持续下去，最终我是为了谁在工作呢？这个疑问一直萦绕在我脑中。想来既不是为了自己，也不是为了公司，大概也不是为了顾客，我所做的一切带来的结果都和设想的不同。"

——那些你觉得很好的书，你会用一些有意义的方式送到读者手上吗？

"就我个人而言，是的。或许会有人认为我错了，觉得这只是我的自我满足。在旁人看来，大概就是这样的事吧。"

原田表示，她离了婚，目前一个人生活，工作很方便。辞职并非只是出于勇敢的反抗心理，就像她自己说的，是许多想法长时间累积的结果吧。不同于新手时期在PARCO BOOK CENTER工作的八年，在LIBRO的八年间，原田真弓最终也没能正式被任命为店长。如今虽然会有原田的老同事慕名前来拜访日暮文库，但公司方面对她的评价应该不会太高。

不过，我没兴趣去检验作为公司职员的原田真弓受到的评价。说到底，这件事并没有对错之分。

每当我前往卖场，询问她"最近有什么推荐的书"或是"尚未被广泛讨论，但正在准备营销的书"时，她都能对答如流。这是区分一个书店员是否热心对待"书"的最简单的方式。此外，她还因为自己对书的品位与出版发行界催生的风潮格格不入而感到苦恼。如果留在之前的书店，每天都能看到大量的新书，但她宁肯舍弃那种特权，也要离开那个和自己格格不入的世界。"辞职意味着结束""辞职就是失败"，类似的话不止周边的人会说，她自己心里想必也浮现过吧。但对原田真弓而言，辞职不是结束，而是开始。

2008 年，原田从 LIBRO 辞职，进入了当时正在公开招聘的出版社 MARBLE TRON，担任联络书店的营业人员，但只干了 10 个月就再度辞职。从书店跳槽到出版社并未让她挣脱束缚自己的体系。

这时，让她下决心开一家书店的契机却突然来临。

事情要从她与往来堂书店（东京·千驮木）的店长笈入建志的谈话说起。开业于 1996 年，面积约 20 坪的往来堂书店，其初代店长安藤哲也打出过"复兴街区书店"的口号，发挥小书店的优势，在店里配备各种商品，努力彰显书店的存在感，果然得到了大众的关注。安藤退休后，从大型书店跳槽过来接任店长的笈入一方面继续贯彻前任店长开创的方针——按老顾客的需求进货，重视书店与该地域的关联等，另一方面也强化了以畅销书为基础的销售策略。此外，他们还与附近的古书店[1]等联合起来，参与了第一届"不忍 BOOK STREET"活动，此活动后来成为以地域为单位，遍布全国主要城市的书展的源头。

"忘记是在哪一次的学习会上见到笈入先生的了，只记得我确实说了很多批判发行商的话。像是如今的方针会把书店搞得越来越糟之类的。后来话题不断深入，笈入先生说：'你的想法很像是经营小书店的人，有没有考虑过自己开一家书店呢？'那个瞬间，我突然觉得，或许真的可以。虽然从前我一直觉得自己不会经营，但仔细想想，这种想法非常原始，只要能把店开下去不就行了吗？当然，这并非易事。但我还是决定，在花光 LIBRO 发的离职金前，要把书店开起来。"

跟笈入聊过之后的第二周，原田就从出版社辞职了。2009 年 9 月辞职，11 月选定了如今的店址，12 月就开通了博客，分享自己为创业做准备的经验。离开 LIBRO 时，她并未考虑过开书店，甚至在进入出版社的时候，也只是茫然想着要在这里干个三年左右，但往后该怎么办呢？或许她心底一直有个小小的念头，就是要开一家自己的店吧。

1　古书店：即二手书店。日本的二手书店产业十分发达，主要分为大型连锁二手书店（如 BOOK OFF）和个人经营为主的小型二手书店；后者一般称为古书店或古本屋。本书中提到的古书店一般都是指后者。古书、古本也大都不是中文语境中的古籍，而是指二手书。

——为书店选址的时候，你考虑了哪些因素呢？

"要在商店街里，附近要有古书店。我觉得，在一个有很多店铺的地区与同行们分栖共存、合作共享是很重要的。当然，合适的租金、销售的潜力也很重要。另外，最好是在邮局附近。因为还要做网售才能维持经营，如果我出门去寄货，店里就没人看管了。所以如果邮局就在附近，出去一下就能马上回来，这样正好。"

——所以从一开始，你就打算自己一个人干？

"对，这个我早就决定了。不聘店员，自己一个人做。所以五坪大小也够了。计划是放这么多的书，杂货放一些，预计客流量也只有这么多。"

——关于销售额，你预计一天能有多少呢？

"8000 日元。这是最差的情况，如果能有这个收入，再怎么样也能维持下去……应该能维持下去。"

日暮文库将定休日[1]设为每个星期二，因此，每月销售额最低估计在 20 万日元左右。不过，商店街定期举办周末集市或祭典的时候，会有许多爱书人蜂拥而至。附近街区开展书籍活动时也可以过去摆摊。按照原田当初的计划，还可以在网上同步销售，另外还能在亚马逊的 MARKET PRESS 上展示。加上这些，销售额应该能再提高五成。然而，即使

1　定休日：多指服务行业定期歇业的日子。

每月销售额达到 30 万日元，依然很可能陷入赤字危机。店铺的租金是每月 6 万日元，虽然已经非常便宜了，但除了商品的进货费、电费等固定成本外，还要扣除原田在附近（步行至店铺需 15 分钟）租房的钱。

"事实上，我根本无法保证一天只卖 8000 日元就能维持店铺运转，即便如此，还是把店开起来了。总之先熬过这一年。这家店和我曾经工作过的地方不同，只有区区五坪，也没有任何能用来促销的空间。估算店铺的销售额或许也没有意义。"

——书店的名字跟字面一个意思吗？

"没错。就是那个'日暮'[1]。想以这样一个小地方为起点。"

店铺的经营要点之一，是将旧书、新书、杂货等结合起来卖。如果是只卖新书的一般书店，从销售额里减去进货成本，毛利通常在定价的 21—23%。若每月销售额达到 20 万日元，毛利只有 4 万日元左右，销售额达到 30 万日元，则只有 6 万日元左右的实际收入，如果没有其他副业，靠这点盈利是无法支撑的。原田的做法是不与发行商签约，因此可以就每个新书品种直接与出版社交涉，在保证不退货的前提下进行采购，根据不同合作方，有的出版社还能答应一些额外条件。此外，有些低价从客人手里买入的旧书可以用数倍

1　日暮：原文为"日暮らし"，意为"度日""生活"。

的价格卖出，加上这部分销售额，就能在一定程度上把握书店整体的盈利结构。

但不管怎么说，书店本身的销售额还是很少。虽然在利润率方面下了功夫，但也无法让人达到生活无忧的水平。原田自己也认为只有先熬过第一年，往后再以第一年的经验为基础调整策略，除此以外别无他法。

原田在开店前一个月开通的博客上分享了准备阶段的内容，其中很多是手工作业，这些想必也能为立志开书店的人提供一些参考。开店之后的内容，则以她采购的书与杂货类的介绍为主。她会将新入手的作品的魅力、与编辑交流的内容等整理成文字，附上照片发布。虽然是很传统的宣传方式，但短短的文章也让人充分感受到她为挖掘每一本书、每一件杂货背后的故事所付出的努力。

——比起从前在大书店上班的时期，眼下你需要认真面对每一部作品，这是否让你更有种亲手把书送到客人手里的实感呢？

"是啊，比起以前确实如此。"

她的反应比我想象的要平淡。

认真对待一本本书，把书交到一位位顾客手里的书店。

简单却也难以为继的理想萦绕在原田和她博客的文字中。她把自己逼进了一种状态，不得不面对一种普遍的价值观，即"仅靠梦想、理想是活不下去的"。

不过，现在应该有很多与原田想法一致的人吧。就算是位于"理想"对立面的"现实"，如今也无法保证安定。从前就有人想开一家自己的店，也付诸了行动，往后这样做的人想必会更加层出不穷。如果迟早都会为"现实"所不容，不如朝着"理想"前进，这样才不会后悔。虽然现在说这话还过于乐观，连原田真弓也不能保证自己的店能开到什么时候。

书店会走向何方？往后的书店形式会如何变化？……对我提出的这些平庸而泛化的问题，原田真弓只是说："如果我知道答案，就没必要继续干下去了呀。很多事正是因为不知道才会去做，不是吗？"她的话掷地有声，合情合理，但从中也能窥见她为了藏起不安而摆出的逞强姿态，毕竟最初走上这条路是因为冲动。

驱使原田真弓开店的究竟是什么呢？

与原田告别后，我漫步在清晨的池袋，走着走着忽然意识到，自己最想知道的似乎还是没有得到解答。原田真弓原本就是一位工作热心且优秀的书店员，听她讲述一路走来的经历，同时也是在了解她所处的出版行业的整体状况。

原田脑中存在着对抗那种状况的意识，但这应该不是驱使她创办日暮文库的唯一理由。她想用自己理想中的方式将"书"送到别人手上,这种愿望似乎与人类拥有的某种根源性的欲望有关,也被某种更宏大的东西支撑着。

但我也确认了一件一直挂怀的事。

在书店日益减少、失去特色的当下,像她一样与之对抗,为把"书"更好地传递给读者而努力着的人有很多,我抑制不住地想支持他们。想对他们说:你现在做的事非常重要,不久的将来,你的存在会更加必不可少。

第二章　立论的男人

淳久堂书店的福岛聪与"电子书元年"

电子书的发展瞬息万变，现在正流行的东西几个月后就会被忘记。来不及检验，又会有新的流行出现，在这样一个先出手就意味着胜利的世界里，一些人紧跟时势、参与竞争。虽然我对持续投入其中的从业者心怀敬意，但从大多数人所谓的流行变迁之间，我并未看出多少关联，因此时常觉得这些连冷眼旁观的价值也没有。

不过，在 iPad、Kindle 登场之后，2010 年，"电子书元年"这一关键词开始四处流传，当时究竟出现了什么样的流行趋势，又给书店带去了怎样的影响呢？

2010 年 7 月，在得知淳久堂（ジュンク堂）书店难波店的店长福岛聪要以"纸书与电子书"为题发表演讲后，我出发前往大阪。

福岛聪已经出版了四本著作，分别是《书店人的工作》（1991 年）、《书店人之心》（1997 年）、《作为剧场的书店》（2002 年）、《希望的书店论》（2007 年）。其中，《希望的书店论》是他从 1999 年开始在人文书院出版社的网站主页上连载的专栏"书店与电脑"中的文章集结而成。该专栏至今仍在连载，想必有一天还会变成书吧。在书店卖场工作多年并持续撰写书店论的人，他应该是第一个。

书店员或书店店主谈论"书"与"书店"的作品有很多。

若是把它们都搜罗起来，一个大书架想必也放不下，但基本上每个人只会写一本。一般说来，首先得有一家充满魅力的书店，然后得有个仰慕店主的人来拜托他撰写相关的文章。接下来，店主才会不情愿似的回忆起自己的人生，以及从书店获得的经验、与之相关的理论。

写了两本以上相关著作的人，只能是因为第一本评价很好，才获得了第二次的约稿。例如《天亮也好，天黑也罢，书店的真心话》（1999 年）、《不用着急，那里不是有书店吗》（2004 年）的作者高津淳（笔名),《书店风云录》（2003 年）、《书店繁盛记》（2006 年）、《书店员的猫咪日和》（2010 年）的作者田口久美子（现就职于淳久堂书店),等等。这些人不光有作为书店员工作多年的经验托底，本身文笔也不错。除开"关于书店"的内容设定，像纪伊国屋书店的创始人田边茂一那样，以作家、随笔家身份留下大量著作的人也不少。虽然不知道该归入哪个类别，但也有像出久根达郎那样经营古书店的作家。此外，还有就职书店，不断撰写文学论的研究者。

福岛聪却和上述所有人都不同。虽然在书店工作了 20 多年也是其特征之一，但他所写的内容不同于经验谈、回忆录或是随笔，而是在工作的同时把书店作为研究对象，不断发表关于它的文章。除他以外，至今尚未有人历经漫长岁月，在"新书书店[1]卖书人撰写的书店研究"这一小而独特的领域建构出一个作品系列。

原田真弓也说过，书店员比起动口会先动手，其中具有匠人气质的人居多。他们这样的匠人大都拥有各自的基本工作理论，也对书的发行、销售现状具备一定的见解。

然而，这样的人一旦开口，也很容易变成对工作的抱怨或自满、对他人或对行业现状猛烈又狭隘的批判，这类言谈会让听者心生不适，我就时常遭遇。比如有人批评同行，说"那家店不行，不懂书架陈列"之类。当然，说这话的人也确实有他的底气，但我有时候也会想要告诉对方：又不是只有你一个人会做这些，没必要那么自以为是吧。但我毕竟没有在书店工作过，所以总是说不出口。况且让别人说出这般刺耳评论的毕竟是我自己，只要我不问，他们想必仍然能维持沉默的匠人形象。

说得极端一点，无论哪家书店卖的都是一样的书。从立场上看，写书的是作者，做书的是出版社，书店只负责卖书。因为从根本上就没有原创性，所以很多人会刻意强调"我们和别的店不一样"。每当看到有人表露出这种心理时，我就会陷入一种复杂的心境。但在与福岛聪交流的时候，我却从来不会在意这种事，因为他知道书是什么，书店是什么，书

---

1 新书书店：与古书店（二手书店）相对，只销售新书的书店。

店员的社会职责又是什么，并能客观地探索它们。我也得以顺利地倾听，并时常从中学到新的东西。

福岛聪生于 1959 年，兵库县人。毕业于京都大学文学部哲学专业。成为书店员前后那段时间还从事过戏剧表演。他出版第一本书《书店人的工作》是在 32 岁的时候，书中论述了将 POS 系统导入书店以改善出版发行的方案，还围绕书店应有的模式提出了自己的主张。在满是同行的世界里，一个从业未满 10 年的人竟然写出了这样盛气凌人的内容，可以说他相当早熟。对于这点，福岛曾说是出于一种逆反心理，想给比他大一轮的团块世代[1]、全共斗世代[2]的人看看。

从那时候开始，他对于"书"和"书店"的理想状态这一主题的态度就很明确。比如，对效仿零售业仅以商品周转率来判断一本书或一个书店的成绩这种倾向，福岛直到现在都是持批判态度的。

　　你曾经因为把某本书放在书架上而卖掉了好几本别的书吗？（《书店人的工作》第 34 页）

1　团块世代：指日本出生于战后第一次婴儿潮时期的人。因为同期出生的人口数量多，因此什么都需要竞争；与此同时，他们也是受惠于经济高度成长期和泡沫时期的一代。

2　全共斗世代：指 20 世纪 60 年代末，日本大学校园里积极参加学生运动的一代年轻人。起因是反越战运动，在几次标志性事件后，于 1969 年 9 月结成由全国 78 所大学组成的"全国全共斗"组织。

当顾客偶遇了摆着自己钟爱之书的书店，就会觉得这家店很棒。但因为他们手上已经有了那本书，所以那本书并不会被买走，不过，因为这家店摆了自己的心头好，客人便会产生期待，想在这里发现更多有意思的书，为此多番到访，买走别的书。这样的书在销售数据上虽然是零，却也为书店的营业额做出了贡献。若是在布置书架时不考虑这些因素，书店就会变成毫无魅力的空间。

通读完福岛的四本著作就会明白，他对"书"的基本态度至今仍未改变。他并不只是埋头于研究，也通过发表文章的方式，持续与书籍发行、销售的现状做抵抗。在我眼里，福岛聪就是这样一种形象。

福岛之所以能一直保持这种状态，应该与他隶属于淳久堂书店息息相关。以兵库县神户市为总部的淳久堂书店，是 20 年内规模得到极大扩张的连锁书店之一。包括福岛过去曾担任店长或副店长的店铺在内，淳久堂的新店铺总是作为强有力的大型书店受到瞩目，属于在过剩的书店生存战中制造竞争的那一方。如果店铺得以存续下来就是胜利，那么淳久堂无疑一直都是胜者。作为福岛的田野调查的对象能够稳定存续，还充分体现了书店大型化与新店增加的特征，淳久堂书店的这些特点想必都给福岛带来了启发。淳久堂并不会将畅销榜单上第一的作品摆在店铺最显眼的位置，也不会单纯按照销量来布置书架，福岛的理论和实践因此得到了统一。

淳久堂书店于 2009 年成为大日本印刷株式会社的子公司，如今开始与曾是书店界翘楚的丸善合并经营。此外，以神奈川为据点的大型连锁书店文教堂也加入其中，使大日本印刷旗下的书店组织达到了国内最大规模。接下来淳久堂这个连锁书店会如何发展，我对此并不感兴趣。因为可能性只有两种，要么继续壮大，提高市场份额，要么与试图争夺其地位的新对手抗争。

让我关切的是在书店现场的人们的未来。淳久堂、丸善以及文教堂里有很多胸怀热忱的书店员。他们今后会如何呢？怎样才能继续按自己的想法去推销那些"书"呢？这其中，也包含了既是知名书店员，又是一位普通公司职员的福岛聪。

《书店人的工作》这本书里，福岛写了自己父亲的故事：他经历了与疾病的斗争，之后从汽车公司辞职，在神户市内开了一家 8.5 坪的书店，直到去世前的不到 10 年间，都过着小书店店主的生活。当然，福岛并未说什么"虽然我在大型书店工作，但我与街区小书店的心是连在一起的"，他只是自言自语般，将父亲认真接待这片街区里每一位客人的样子记录了下来。

话说回来可能是因为我很讨厌在领域上设限。"我

们店里没有那本书""我们店不进那种书"，类似的待客态度让我十分厌恶。(《作为剧场的书店》第73页)

在他后来的著作里也能看到这样的句子，从中我们可以窥见，福岛并没有将视角固定在国内少数大型书店这类有限的场所中。很多人都会从自己日常所处的状况来判断事物的成败好坏。书店员们的话偶尔变得刺耳，也是受困于他们局限的视角。福岛的文章里也会出现一些只有身在淳久堂才会有的想法，这样的内容似乎也在逐渐增多。不过，每当我阅读他的作品，都会觉得只有在以"书"为商的书店才会出现他这种类型的人，这很有趣。

2010年，国内外出版社都开始推出新型的专用阅读器，电子书看似即将势不可当地进入人们的生活之中，福岛聪却在此时采取了重归原点的姿态，再次思考起纸质书的优势，对此我产生了兴趣。说"再次"，是因为他至少在《书店人之心》付梓的1997年前后，就曾积极谈论CD-ROM等多媒体产品、网络的出现与"书"之间的关系。

在囊括电脑读物、手机读物在内的电子媒体开始增长的21世纪前五年，认为"纸质书作用更大"的保守派占多数。而到了2010年的电子书元年，国内市场上开始积极推动这种新的阅读形式，出现了一种"必须跟上时代潮流"的氛围。

但电子书在经济上是否能带来收益，这一点尚未有任何证明。这不禁让人想怒喊：既然那么有开拓精神，你们企业家先自己试试看啊。而对追随型的人来说，这成为一种进退两难的局面。

福岛明知自己几年前的理论容易被误解成"开倒车"，却仍然探讨了"纸质书的优势"，其根本原因既不是对电子书的厌恶，也不是对阅读形态之进化的否定，而是和以往一样，将其作为探究"书店究竟是什么"的材料。对福岛而言，书店既是职场，也是他深感兴趣的研究对象，而这样的"书店"在电子书出现之前就已经面临危机，那么当电子书正式登场时，就更有必要深入探索书店存在的必要性。

即便如此，书店也应该存在的理由……在哪里？

我满心期待着，猜测接下来要听到的福岛的论述，是否会以过去的 20 年为基础，得出一个集大成的结论。

福岛聪的演讲，由关西地区的出版界相关人员聚集的"劲版会"主办，地点在新大阪站附近的一栋建筑内的会议室。参加人员大约有 20 人，多数都是与该组织相熟的出版社或书店员工。

福岛从自己为什么要开始探讨纸质书的优势这一问题出发，说到其中一个契机时，列举了 2010 年 4 月出版的佐佐木俊尚所著的《电子书的冲击》。他说自己听闻淳久堂的几个年轻人和中坚员工因为这本书的出版而惊愕不已，心想这样下去可不行。至于后辈们为何要惊愕，他没有细说。或许是因为在座的各位都是些不必说破也明白其中含义的人吧。

但我的思路却在此停顿了一下。淳久堂的年轻人和中坚员工们，为何会对那本书惊愕不已？

《电子书的冲击》这本书的第四章以"日本的出版文化为什么越来越糟"为题，一边回顾了一些历史性的发展缘由，一边说明既有的出版发行、销售体系是如何一步步轻视"书"，并因此迎来了如今的市场崩溃。接着，作者提出，要孕育新的出版文化，必须发挥电子书的功能。笔者并不反对这本书的大致观点，毋宁说在这本书出版的时间点，此类观点已不算新奇。如果作者像软银的创始人孙正义那样，干脆抛出"纸质书会完全消失"的极端理论，或许更能吸引人的兴趣，但他在书中还是慎重地表示，纸质书和书店都没有必要消失。

然而，作者在书中指出的关于出版发行的问题，除了将他至今为止在各处发表过的内容拼凑起来，还存在一些事实性错误与杜撰过度的解释。

举例而言，在题为"向着自出版时代前进"的第三章里，作者认为"至今为止，'出版书籍'这一业务被出版社独占"，是作为个体的外行人无法企及的东西，而电子书能支持自出版的发展。

并且，他为了强化"个体在纸质书的时代无法进入市场，电子书却能支持这些个体"的论点，竟然说纸质书的自出版是针对外行人的欺诈性经商手段。

> 顺带一提，将之描述为"不是自费出版，而是以共同出版的方式推进，这样就行得通了。在我们这里一起出书，就能摆上书店的货架哦"，以此煽动外行写作者的自费出版幻想并大赚一笔的，就是在 2008 年倒闭的新风舍。可新风舍从写作者手中拿走了数百万日元，实际却只在特定书店的小角落里陈列他们的书，很多人因此批判他们"把外行当作猎物，使用了充满欺骗性的经商手段"，最后他们也破产了。(《电子书的冲击》第 133 页)

说新风舍的做法具有欺诈性质，这种批判确实很常见。曾有作者起诉过他们，也有作者心怀不满却只能每晚哭着入睡。但是，让新风舍破产的主要原因并不是他们的欺诈式手段引来批判，导致客户流失，而是他们陷入了同行间的低价战争，导致收益失衡，陷入负债经营。文中说新风舍"从写作者手中拿走了数百万日元"，但如果是破产前几年的新风舍，只要将文章和几张照片放在一起就能做成大众类型的自费书，这种情况大都只需要 100 万日元多一点，甚至低于

100万日元的价格就能实现。这家新风舍，与碧天舍（比新风舍更早破产）、文艺社可谓是自费出版界的三大王牌，但唯一生存下来的文艺社却在中途退出了这场倾销战，由突出低价优势转向为写作者提供另一种服务。

也就是说，新风舍破产的原因只是单纯的经营战略、战术的失败。

作者究竟是不知情才那样写的，还是明知事实却依然写了错误的东西呢？从字面上看不出来。但至少读那本书的人不可能从中获知实情。顺便说一句可能有些吹毛求疵的话，作者在文中使用的"共同出版"一词也很容易招致误解。新风舍实行的共同出版，并不是指能让大量作者的书共同进入书店的货架，而是指写作者与新风舍共同承担出版费用。对写作者而言，比起自负全额费用的模式，当然是自己的文章获得出版方承认的情况更能激起他们的出版欲望。相较于金额的多寡，对这一点的算计才是讨论新风舍经营手段是否带有欺诈性的要点。

除了这些谬误，更让我感到疑惑的是，作者以新风舍为例，试图让读者相信"在纸质书的时代，个人想通过出版大放光彩是不可能的。而与之相对，电子书却能推动自出版的发展，带来一个自由而充满可能性的世界"。

确实，电子出版比纸质书更加便宜，且能更迅速地获得社会的评价与反馈。但在纸质书的时代，个人也能够做书和卖书。并不是说不经由"出版社→发行商→书店"这一途径，"书"就丧失了可能性。例如，纪伊国屋书店就一直保持着陈列数百种个人出版物的习惯，通过从作者方直接进货，与其他书店区别开来。各大型书店也不会拒绝个人出版物。除大型书店之外，还有专门销售个人出版物的书店。一些乍看很普通的书店也并非完全不接收发行商以外的人送来的新书。而在地方[1]，当地人还会直接带着自费出版的书去书店，与店主协商陈列售卖。

当然，只通过自费书的制作、销售就能取得足够且稳定收入的作者毕竟是极少数（并非完全没有。例如纪伊国屋书店直接进货的个人出版物中，就有一整年内在该店全国各分店卖出数千本的。零星也有一些出版社能够持续几年定期出版一到三位作者的书）。但将其作为事业获得成功的人很有限，这在电子出版领域也是一样的。

电子书未来会有什么样的发展呢？我无法预料。在这里我只是想指出，纸质书的出版成功与否，也跟作者本人的热情和能力有关。确实，大型书店欢迎自费书作者登门毛遂自荐的情况很少见，与之相对，网络世界却敞开大门热情地欢迎他们。可事实上，这不过是想扩大市场的人常用的手段。

这本《电子书的冲击》的出版方 Discover21，正是一家

1　地方：指相对于东京的其他地区。

不经由发行商，直接给书店供货的出版社。创业之初规模很小，但许多书店都对他们的书给予了积极的支持，该社创业团队的成员应该都还记得这些过往。而这家出版社的存在，恰好证明了与该书论点相悖的事实。

另外，该书作者批判了出版界人士对"现在的年轻人都不读书"的感慨，以文科省[1]整理的读者调查数据——小学生借阅图书馆书籍的册数从1995年到2007年有大幅增长——反驳前者，认为如今的孩子仍然喜欢读书。

可是，孩子们借书册数之所以有所增长，是由于代表"出版业"的发行商东贩作为旗手，在全国中小学及高中范围内，实施了"晨读"等几项被业界称为读书动员的活动。数据显示"孩子们越来越爱读书"的时期，刚好与实行晨读活动的学校数量增多的时期一致，因此可信度很高。

笔者唯恐上述内容招致新的误解，但仅仅因为图书馆的使用次数与借书量增多，就得出"无论如何，我们可以明确地说，如今的年轻人读书频率是非常高的"（《电子书的冲击》第204页）这一结论，很值得怀疑。

其实并没有那么简单吧。在这个网络、游戏、电视等有趣又能充分刺激孩子感官的事物越来越多的时代，如果大人

1　文科省：日本文部科学省的简称。日本行政机关之一。负责日本的教育、学术、体育、文化及宗教事务的管理。

们不采取任何行动就能让读书的孩子比以往更多，反倒会叫人奇怪。虽然没有证据能直接证明，但"出版界"作为采取行动的一方，占据了重要角色。换句话说，"感叹年轻人越来越不爱读书，所以书也越来越卖不出去"的人，同样可能成为"提高孩子们借书量"的人。但在这位作者的文章中，丝毫看不到类似的考虑。如果能明白这一点，他刻意将"旧有的出版界"作为恶人来展开自己的理论就会显得逻辑牵强。该书最终章"书的未来"提出，电子书能有效丰富"context=文脉"之间的联系，我对这一部分很感兴趣。但除此之外，整本书的内容存在明显的杜撰。

我的本意并非要逐一指出并批判这本书可能给读者带来的误解。

我关心的是，淳久堂的年轻人、中坚书店员为什么会对这本书惊愕不已。

《电子书的冲击》出版于 2010 年春，是以 iPad、Kindle在国内售卖为契机，电子书开始崭露头角的时期。之后没多久，该书就登上了书店的新书销量排行榜前几位。让它大卖的根本原因，是全国各地的书店都在卖场内为其做了码堆展示。而这些书店本身，就是被作者否定的"日本出版界"内的销售最前线。

还有比这更矛盾、更荒谬的事情吗？

这是我的疑问。而一直在目睹各种书籍出版又消亡的资深书店员们，大概只会苦笑着说："这不也挺好嘛。"他们根据经验便可知道，能畅销一时然后销声匿迹的书，定然是戳中了时下社会的某个痛点。书店就是这样一个成熟的场所，将书亦视为时代的产物，不论优劣与否，都平等对待。

想来福岛也是作为一个"成熟的人"，为这本书做了合适的安排。但在同一职场工作的年轻人们，却从该书的售卖方式及其大卖的现象中意识到书店真正面临的危机，并因此心生沮丧，这让人体会到另一种意义上的冲击。年轻员工中甚至有人对书中内容深表认同，不禁叫人产生疑问：为何书店员对书店陈列之"书"理应具备的淡然态度没能传承给下一代呢？

不管怎么说，不能因为这种事就把现场的气氛搞坏，福岛应该是想借此发表什么观点吧。

在我停下来兀自思索期间，演讲还在继续。即使电子书登场，纸质书也依然不能消失的意义是什么呢？当时，福岛把"书店与电脑"这一连载专栏的每期主题都聚焦于此，并反复提到已经写过的一些东西。这天，福岛的演讲里最让我印象深刻的，果然还是下面这些涉及卖书现场的内容。

在这个行业里，大家都会辛苦地做一个名叫"出版目录"的东西。我参与制作过的有《人文图书目录》。制作过程中需要详细划分类型，每当有新书出版，就得决定把它归入哪一个类型。但书这种东西，总会不断超出原有的类型。比如"批评"这个类型确立的时间还不算很长，但新的无法归入其中的书会不断地出现。

这些新书应该放到书架的哪个分类里呢，又或者，是否需要设定新的类型呢？这类工作都是由书店的人负责的。而无法被归入任何一类的书籍，每年都会出现。

但也正是因此才新颖有趣。在我看来，书就是这样一种东西。

作为在书店工作的人，我的经验证明，给书分类并不容易。或者该说，谷歌采用网页排名这种方式是有原因的。正是因为像书店给书架分类一样给网页分类很难，才采取了类似按销量排名的方法吧。如果要按一般书籍畅销类、商务书籍畅销类这样的方法给淳久堂的书架分类，会很简单。

换言之，谷歌的方法并不是唯一，而是分类方式的一种，因此与书店的畅销书架同理，其中会存在"卖得好的书不等于好书"和"卖得好的才是好书"，这两种观点的对立。

书店也不是只看书本身的好坏来布置书架就能把书卖出去。也可能"上周的畅销书"这个分区里的书会大卖。在岩波书店出版的《Google 问题的核心》这本书里，作者写道：Google 的网页展示方法和选美投票同理，排在前面的并不意味着最好，就像大家都读的书未必是好书。

这种东西说到底还是主观的。难得我有机会管理一家面积 1400 坪的书店，于是想划出一个小角落，每月在那里推荐一本我自己觉得很有意思的书。于是我就做了"店长真心最推荐的书"这个常设角落，但推荐的书基本还是卖不掉（笑）。是真的卖不掉，我深有感触，但也不得不继续做下去。

也许说了些大话，但书店的现场如何布置，每家店的考虑都不一样。而我认为，即便只划出一个小小的区域，也要用自己的方式表达对书业现状的抵抗。这种固执或许也能传递出某种东西，而在书店这个空间里必须保有这种从容。

自己觉得好的东西，就持续不断地诉说表达，总有一天会被某个人听见。我希望书店能一直作为这种场所而存在。

正因为会有无法被归入现有书架的新书出现，才会生出无穷乐趣。福岛这句话听来，像他 20 年前就已经产生的想法。

新锐作家、学者出现的时候，要把他的第一本书放在书架的某个地方（归入已有的某个分类）。最初，这本书不论放到哪个位置都显得格格不入（若是完全和谐，他也就算不上新锐了）。渐渐地，他的第二本、第三本书也摆上书架，放在第一本旁边，就这样，这个人的作品不知不觉地改变了整个书架的规则。(《书店人的工作》第12—13页)

腋下夹着刚到货的一小撂书在书店内走来走去，停在一个书架前，右手拿出一本停顿片刻，用数秒时间思考该放在哪个位置。

时常能在书店里看到书店员的上述姿态，我很喜欢。要把那本书插进书架的哪个位置，又要把替换下来的书移到哪个地方呢？他们右手的这些动作，或许就会改变一本书的命运。这一幕其实是神圣而残酷的。

福岛聪能一直以他所想的方式与"书"打交道，或许也称得上是个小小的奇迹。如果他所工作的书店是一家只能按大型出版社或发行商规定，优先提高某本书销售额的店，他还能一如既往地说出同样的观点吗？或者那样一来，他会早早地离开书店？

如今，多数书店都已经无法维持福岛所谓的"从容"。一整年都卖不出一本的书也是重要的战斗力，福岛这种想法绝非近20年来书店经营理念的主流。但也许正因为不是主流，他才能持续20年发表自己的主张吧。认同那些并非主流的存在，将它们保留在书架上，这对"书"和书店而言都很重要。福岛聪可谓是用自己的存在体现了这个道理。

在演讲最后的答疑环节，一位在场听众拿起麦克风说：

"您今天的演讲题目是关于纸质书的有效性，从出版社的角度而言，当然希望纸质书能卖得好，但同时，电子书也……这个领域也必须兼顾。"

直到几年前为止，出版社的营业人员时常挂在嘴边的还是"说什么电子书啊，对我们来说，跟书店的合作才是最重要的"。虽然这话里不无对书店的恭维，但也有一半是出自真心的吧。

可到了2010年，这句常见的开场白几乎消失了。随着电子书元年这一关键词的渗透，大家渐渐意识到，那种话不必再说了。

我曾在一次出版社与书店从业者的联欢会上遇到一件令人印象深刻的事。当时，我和埼玉某家书店的店长、某出版社的营业人员及编辑坐在一起。出版社那两人几天前曾拜访过这位店长的书店，因为他们很快要出版一本以该书店所在地区为舞台的小说，所以去拜托店长，请他帮忙宣传宣传。似乎也是因为这件事，店长才被邀请参加当天的联欢会。

"那本书啊，我估计卖不了多少。"

店长的口气很严肃，出版社的两人面色复杂地听着。店长似乎已经读完了之前收到的样书，今天打算坦诚地发表感想。

为什么会卖不了多少呢？我把头凑过去问。

"小说写得不错，我个人是喜欢的。但故事也太平淡了点。应该说有些虎头蛇尾……小说这种东西，如果不是因为特别有趣而广受好评，销量是很难增长的啊。"

店长问他们，接下来还打算出版类似的带有当地特色的书吗？两人说有这个计划。店长又说，是否不要太局限于当地比较好呢？因为这会给其他地区的人一种事不关己的感觉。

我再次插话："那你订了多少本呢？"

"总之先订了20本。"

"虽然你说卖不了多少，但还是订了挺多呢。"

"因为如果连我们都不卖，就真的没销路了呀。这本书，或者该说是这个作者，接下来还要继续创作吧。"

联欢会的地点是一家能唱卡拉OK的店，此时店长拿起麦克风，心情愉悦地唱起了歌。而听完那番严肃发言的出版社营业人员则与我交谈起来。不知怎的，话题转移到电子书上面，他立刻来了精神，说：

"我们社对纸质书和电子书的重视程度都差不多哦。简单说来两种都能做。从产品线上来说，两手都抓不是更好吗？最近社里的人也都在讨论这事儿。"

这样啊。我一边附和，一边望着手拿麦克风的店长的侧脸，心中突然生出一种虚无感。当然，我并不想责怪他。只是仿佛从中看到了书店与出版社之间生出的根本性龃龉。

书店行业有很多这样的专业人士，一边抱怨"这种书怎么可能卖得出去"，一边在脑中思索如何才能让卖场的顾客注意到它。有人一面抱怨"最近的《周刊○○》内容太差，编辑水准下降了"，一面不断变换这本杂志的陈列位置，想方设法地推销它。不只是销量好的书，卖不掉的书也要认真对待，这才是书店。如今的出版社一边恳请书店帮忙卖书，一边又睥睨着电子书市场。我并非想说书店可怜，而是觉得书店应该更挑剔一点。但如果这位店长是个挑剔的男人，还会如此认真地对待一本在他眼里卖不掉的书吗？

之后没过多久，这位店长突然接到公司的通知，要在一个月内关闭店铺，与关店通知一起到来的还有他的解聘书。此后他失业了一段时间，后来又被另一家书店录用。如今依然活跃在书店行业。

演讲中，福岛聪并未明确告诉我们，比起电子书，纸质书在哪些方面更有优势，但他想说的或许是，虽然理论上很难证明，但他有这个自信。

纸质书还是电子书？当时的氛围，让人觉得这种二选一的争论还会持续很长一段时间。但到了2010年下半年，事态逐渐发生了变化。社会上的某些言论与同时期出版的书籍似乎都被一条线联系在一起。

这条线的起点，是2001年出版了《是谁杀死了"书"》

的非虚构类作家佐野真一的发言。当福岛在大阪演讲的同一时期，东京国际书展上，佐野真一就该书展的基本方针发表了演讲。他说："正是在电子化这一便利成果顺利发展的当下，才更不应该忘记前人们的辛苦耕耘。"不要被进化的表象夺走全部注意力，看看那些参与其中、活生生的人吧。这话在我听来，就像是佐野的遗言。

同年秋，与"书"有关的出版物里，有三本让我印象深刻。一本是佐佐木中写的《砍下那双祈祷的手》。作者在书中所持的观点是"任何新技术、新方法都不重要，革命总是始于'阅读'，终于'写作'"，并从该立场出发进行了论述。这本书受到不少负责人文类书籍的书店员的支持，被摆到卖场最显眼的位置销售，也静静影响着书店的氛围。第二本，是日本电子书事业的开拓者，VOYAGER公司的萩野正昭出版的《电子书奋战记》。作者在书中表示，他制作电子书的最大动机在于，无权无钱的个人能通过电子书自由地发表观点；他回顾了自己为电子书的普及付出的心血与奋斗，也表达了对未来的展望。但不知为何，他就电子书所作的每一句发言，也同样鼓舞着支持纸质书的人。他的话里有一种不可思议的魄力，让"纸质书还是电子书"这一争论变得毫无意义。

而在我阅读津野海太郎的《不要小瞧电子书——书籍史的第三次革命》时，甚至觉得眼下关于"纸质书还是电子书"的争论应该就此告一段落了。

用作者的话来说就是，从黏土板开始，书籍的进化历经了莎草纸、羊皮纸、纸等阶段，与并非物质的电子书是完全不同的东西。作为物质具有稳定性的纸质书今后也会继续保有这种意义，而并非物质的电子书作为一种新型阅读方式也会完成它的进化。纸质书的供给随着20世纪资本主义、发展至上主义的过度发展，确实已经达到了饱和状态，未来的纸质书出版量与书店数量想必都会持续减少。但电子书的进化不会斩断至今为止的"书"的历史。技术的进步也一定不会埋没人类曾经付出的努力。

以上便是《不要小瞧电子书》的论点。福岛表示，他将自己在人文书院的主页上连载的专栏命名为"书店与电脑"，也是受到津野1993年出版的《书与电脑》，以及后来创刊的季刊杂志《书与电脑》的影响。

上面提到的几本书出版后不久，从2011年2月开始，以"纸质书与电子书"为主题持续连载的福岛专栏也回归了早期面貌，继续论及各种主题。他的"纸质书与电子书"理论或许并未完结，只是暂时画上了句号。

不管怎么说，福岛只要推荐那些对《电子书的冲击》感到惊愕的后辈们去读一读《不要小瞧电子书》就好了呀。想到这里，我不由得重读了一次《电子书的冲击》。发现这两本书虽然叙述"口吻"不同，论点却相似。二者都希望"书"能存续下来，希望"书"的世界更加丰富多彩。即便如此，《电子书的冲击》给我的印象还是与初读时无异。

归根结底，我是以什么为标准，在判断好书、坏书呢？

《不要小瞧电子书》里也介绍过的森铣三、柴田宵曲所著《书籍》（岩波文库）中，有一篇森铣三写的文章，名为《好书是什么》。

> 好书，简单说来就是生发于作者的真诚之心，用文字充分且明确地表达其意图，并带有作者本人特质的东西。（《书籍》第 29 页）

出版于昭和十九年（1944 年），跨越"终战"[1]并于昭和二十三年（1948 年）出版修订本的《书籍》中反复提到的主旨是，眼下有太多只顾销量不管内容质量的"出版从业者"，因此亟需建立一种新的市场结构，以便有全新的组织孕育好的书籍。这本书也告诉我们，"出版已经沦为没有志向的商业行为"这种"二战"期间也被提及的论调或许会成为业内永恒的主题。我很认同森铣三对"好书"的定义，但那也只是一种主观看法。

此外，还有一个主题是津野的书和《书籍》里都没有提到的。亲手将"书"传递给读者的书店，未来将会变得如何？

1　终战：在日本一般特指第二次世界大战结束。

就这一点而言，除了身为当事人的书店员，从其他立场进行探讨的论著并不多。

追溯书店行业的历史在一定程度上是可能的。例如箕轮成男写过一本《莎草纸上的历史——希腊·罗马的书店》（出版新闻社）。作为出版史研究者的箕轮成男通过作品为我们展现了久远以前与"书"相关的场景，这本书同样以大量史料为基础，再现了公元一世纪前后买卖书籍的情景。不过，该书中出现的人物都把书当作赚钱的工具，都被描述成了纯粹的商人。

在日本的书店史中，最引人瞩目的是以江户时代的出版业、读书文化的兴盛为对象的研究著作。虽然江户时代的出版与销售还未分家，但诸如《江户时代的图书流通》（长友千代治著，思文阁出版）就精选了大量史料，集中展示并说明了当时的店员与顾客进行图书买卖的情形，十分有趣。兼顾二手书买卖、租书、卖药等服务的江户时代的书店，或许也能为今日所借鉴。

不过，在这本书里出现的书店人员果然还是商人属性。江户时代最为著名的"书店老板"之一茑谷重三郎[1]，不仅是

---

1 茑谷重三郎：一般作茑屋重三郎。江户时代首屈一指的出版人。发掘并培养了东洲斋写乐、喜多川歌麿、山东京传等人，让他们的作品成为当时的流行。有说法认为如今的日本大型连锁书店茑屋书店名称的来源就是茑屋重三郎。

位优秀的企业家，还身体力行地贯彻了江户百姓喜闻乐见的政治讽刺，受到过禁止发行书籍的处分。然而，这正是具有新闻出版精神之出版人的魅力。该书也为我们描述了茑谷重三郎在自己店里时的情景，但他是如何把书送到顾客手中的，这一点却没有提及。

不用说，这些商人日复一日努力积累下来的成果，就是我们所说的"文化"。他们确实奠定了出版文化的基础，可书中描绘的出版前辈们的商人形象，与如今这个时代要思考的书店的未来之间，有什么联系呢？我翻阅了许多描写江户时代书店的书，关于这一点却还是云里雾里，看不清晰。

我最为在意的，还是至今为止接触到的书店员与书店店主们。他们对待书的方式、自言自语般对我说的话，与他们相关的记忆都与"不过是个商人，不比之高尚，也不比之低下"的定义背道而驰。当然，我也怀疑这是否只是出于我美好的幻想。

从书店的历史出发，却看不到书店的未来，是因为我陷入了搜索引擎式的思路吗？因为先在脑海里输入了"书店"这个关键词，才得到了"精明的商人"这一结论吗？

第三章　读绘本的女人

井原心之小店　井原万见子的支柱

听完福岛聪演讲的第二天，我开车前往和歌山，去探访一家名为"井原心之小店"[1]的书店，据说它开在一个周边人口仅百人的人烟稀少的村庄里。其实我也有别的选择，也曾犹豫过，最终还是想着至少去看一眼吧，跟店主打个招呼就走，于是就这样踏上了旅程。

然而在我离开大阪市，驶上阪和公路时，踩油门的力道却几度松懈。感觉自己像是为了完成任务，怀着一种打卡式的心态。之前也曾听别人推荐这家书店，但一直没有机会，这次在出发前往大阪时就在犹豫，最终还是来了。

井原心之小店作为一家具有代表性的"奋斗在地方的小书店"，时常出现在媒体上。但最初似乎是在东贩发行的宣传杂志《书店经营》2003年1月号上的介绍文章中被提及，作者是永江朗，一个以出版界、书店相关人士为采访对象，长期活跃的作者。在这篇报道中，永江以《为村庄提供"求知"之路的宝箱般的书店》为题，讲述了这间店的由来，并展示了店内风景。此外还有不少提及井原心之小店的书籍、杂志特辑，报纸上也不时出现店长井原万见子的姓名与报道。所有内容都明确传达出一个信息：来访者们在这家书店里感觉

---

1 原文为"IHARA HEART SHOP"，其中"IHARA"是店主井原的姓氏发音，"HEART SHOP"直译为"心之小店"。

到的一切都是真实的。

但不管怎么说，她的曝光率太高了，且每次报道中出现的"井原心之小店"与"井原万见子"的形象总是一模一样：为人口稀少的村落点亮文化之灯的爽朗的书店女店主。当然，这值得称赞，但在已经定型的画面上，似乎没有再加一笔的必要。

井原万见子写过一本《厉害的书店！》，我曾经买过，但一直闲置于房间书架。赶赴大阪以前，我把它取了出来。"厉害的书店"几个字很显眼。腰封上写着"'井原心之小店'是日本第一厉害的书店。——永江朗"，可以看出，这个称呼并非自诩，而是第三方的评价。该说它是来自永江的声援吗，还是该把"日本第一"理解成一种虚指呢？腰封背面写着"书店的小小奇迹"。

通读之后，我觉得它像一个温柔的奇幻故事。

我曾见过在连一间书店也没有的冲绳离岛举办的书展。体育馆里摆了很多长桌，桌上放着许多书，那是来自冲绳本岛的两位书店员坐着轮渡带过来售卖的。早上九点不到，岛上所有的中小学生都来了，现场十分热闹。孩子们拿着父母给的零花钱买了漫画和童书，离开会场后沉迷于书中，读完又再进场，如此反复。这种每年一度，时长只有一两天的限时书店让人心生哀叹。这个小岛方圆仅 20 公里，虽然广植甘蔗、风景看似悠闲，但为我做向导的岛上教育委员会成员并未隐瞒当地居民们怀抱的郁结。

"很多人的休息日都是在家里度过的。我也一样。如果有谁大白天就开始喝酒，第二天全岛的人都会知道。这个地方太小了，能聊的话题也很少，确实会让人心中苦闷啊。想出去的人也很多。"

外出采访者总是想寻找一些悲剧性事件，他说出这些也可能是我诱导的结果，但岛上确实潜藏着这种心境。任何一个人口稀少的地方，必然也都存在类似的问题。

但在《厉害的书店！》里完全看不到类似的郁闷。书中的确记录了都市里无法见到的书店日常，但也让人觉得，作者是在完美地扮演她为自己设定的角色。像井原万见子这样努力彰显店铺形象的姿态，对很多小书店而言是必要的。可她也太善于表现了……怀着这种先入为主的印象前去探访的我，会被她接纳吗？

我也明白，不能被成见束缚。过去我曾见过井原万见子一次。那是在几年前，东京举行的一次面向出版界相关人士、规模稍大的学习会上，她是发言者之一。会议即将结束时才入场的我，唯一记住的只有井原万见子的模样。其他几位发言者应该也在场，但我完全想不起来了。

扛着大斧的金太郎[1]。

从会场最后面望着井原万见子的时候，我脑中浮现出这样一句话。台上的她看起来单纯且散发着强大力量，让人想起沐浴阳光长大的蔬菜，或是在大冬天里穿着短袖短裤在室外来回奔跑的健康儿童。她的气场强大，在四面都是白色无机质墙壁的会场里甚至有些违和。学习会结束后，我和偶遇的熟人站着聊了会儿，她便从会场消失了，我没找到机会跟她聊两句。

汽车驶入了岸和田市内，据导航显示，还有一个小时就能到达井原心之小店。总之没什么要紧的事，跟她见一面就行，我想着。

但没过多久，我还是觉得应该先打个电话过去，但把车停在服务区后又开始犹豫。

《厉害的书店！》里也介绍了至今为止到井原心之小店采访过井原万见子的人。甚至放上了几个人的肖像画。像是在说，到这样的深山里来看我，非常感谢……她是打算把采访者都变成自己的同伴吗？对此，我不禁心生戒备。那么，如果我事先不联络就突然出现，这个人会如何对待我呢？说

1　金太郎：坂田金时的乳名。日本民间传说中认为他是山姥之子，从小与野兽为伍，拥有一身怪力。浮世绘中也常见金太郎扛着斧头或与野兽玩相扑等形象。

到底我未必真的会采访她，只是寒暄一下的话，突然出现也无妨。

可到了最后，我还是无法忍受那一丁点罪恶感，给她打了电话。告诉她我昨天刚到大阪，因此前没有机会，这次想去拜访，加上最近听了不少书店从业者的心声，也许这次会顺道采访，眼下我正驱车过来，已经到了岸和田市内。

"虽然不清楚具体情况，但专程跑过来真是麻烦你了，路上小心啊。"

井原万见子说着方言的声音听上去很活泼。

我加速前进，离开高速进入山道。

根据青田慧一写的《书架是有生命的》（八潮出版社），坐电车来这里非常不便。从大阪出发到和歌山县的 JR 御坊站，需要坐一个半小时的特快列车，到了那里再坐一个多小时的巴士，另外还要算上换乘巴士的等待时间。

> 巴士穿过小镇，穿过小河，穿过田野，终于进入了山地。这里的环境让人简直无法相信前面会有书店。别说书店了，路上什么店都没有。小镇里那家超市是我颠簸在巴士上所见的唯一店铺。（中略）终于到了巴士站，明明才下午五点，天色却如深夜般漆黑。来之前听说那是一家"坡道上的小店"。沿着坡道向上走，果然看到了微弱的灯光，那家店确实存在。（《书架是有生命的》第 224 页）

但从大阪开车经高速前往井原心之小店所在的和歌山县日高郡日高川町（旧美山村），并没有上述那么遥远，行驶距离约130公里。因为要开一段很窄的山路，中途必须减速，如果中途不休息一直开，估计要不了两小时。虽然不同于从JR御坊站出发的巴士路线，但下了高速后没多久，同样会进入连一家商店也没有的荒凉地带。唯有一些房屋点缀在山、河、田之间。我时而停车，看看小河，听听鸟叫，再接着上路。终于，井原心之小店那橘色的屋顶出现在眼前，周围果然再没别的店了。时间刚过正午，太阳高悬在空中，天气异常炎热，气温想必接近40摄氏度了。

我把车停在店前的空地，下车进入店内，井原大声招呼道："哦！你还真的来了呀！欢迎欢迎！"完全没有初次见面的拘谨，给人感觉十分开朗。

我一边跟她寒暄，一边打量店内。从入口处看过去，店里左半边是书，右半边是食品与生活用品。书所占的空间虽然更大，但进店第一眼看到的却不是书，而是各种杯装拉面的圆形盖子。前面摆着和式点心、砂糖和盐、半透明的垃圾袋。店铺里面放着装果汁的冷藏柜和放冰激凌的冰柜。入口左侧有一张木桌、两把椅子。左侧靠墙的地方有大量展示用的绘本。

一对看上去像母女，年龄大约在六十多和三十多的女性比我先到。井原向我介绍，说她们是从田边市过来的；又对那两人介绍我，说这位居然是从东京过来的。那两人准备去几十公里外的温泉，据说是因为在报纸上见过井原心之小店的报道，就来看一看。年长的女性说想买绘本，请井原推荐。井原说店里有很多，问她想要什么样的……接着便走到放绘本的书架前取出一本。

我暂时离开，回到车里取出放在副驾上的摄像机。井原的方言跟我昨天为止听到的大阪话不太一样，句尾拉长，有种悠闲之感，听来很舒服。保险起见，我想拍下井原帮客人挑选绘本的画面。返回店内后，我走近拿着绘本正与客人说笑的井原，问她是否可以拍摄。井原微笑着沉默了一阵，下一个瞬间便转向我，轻声发出了一个奇怪的音节。因为速度太快，我没有听清，下意识问道："什么？"

井原重复了一遍，这次声音稍微大了些。听来至少不像同意。之前请井原帮忙介绍绘本的女性顾客不知不觉间开始热切谈论起自己喜欢的绘本，井原开心地听着，时而附和"啊，这样的话推荐你看这本哦"，把别的绘本拿给她看。为避免打扰她们，我走远了一点，并将拿着摄像机的手别在背后以解除井原的戒备。机器的电源是开着的，只要按下开关就能开始录像。没多久，二人选好了几本绘本，井原一边走向收银台，一边用唱歌似的语气说："不能录像哦。"我松开手，关掉了摄像机电源。收银台周围贴着数量可观的照片，每张都有人。

田边市的母女离开后，店里就只剩我和井原了。她问我累不累，请我在椅子上坐下。我就一开始不礼貌地用摄像机对准她一事道了歉，并问她，为什么不能拍呢？井原应该对采访十分习惯才对，难道她讨厌摄像机？我对此备感意外。而此刻摄像机还在我手里。

"如果只是拍一下店里的书架或书的照片，那倒是没什么……但视频嘛，给人的真实感毕竟不同。还有就是，我对采访者的要求都是不拍客人。"井原如此说道。

"很多人为了采访而来，对此我很开心。但之前……电视台的人突然跑来说想拍，我觉得也没什么，就答应了。当时正好有位住在附近的老婆婆来了，穿着束腿的劳动裤，上面套一件T恤，头上戴着草帽，跟平时一样。这对电视台的人来说是个绝对合适的素材，完全能突出乡间小店的特色。老婆婆当时好像也完全不在意，像往常一样买了东西。但是，当天她又来了一次……这次特地换上了罩衫。对老婆婆而言，那也是她最体面的衣服了。我意识到，她果然还是在意的啊。对我来说，这种情况可不太好。我希望附近的居民都能像往常一样，以生活中的面貌到店里来。"

井原指了指书架上张贴着的纸，上面写着"为珍惜今日缘分，店内请勿摄影"。她说自己其实很不愿意贴这种东西。

随着出现在电视台、报纸、杂志上的次数增多，井原心之小店也迎来了越来越多远道而来的客人。其中也有用手机、数码相机擅自在店内拍照的人，井原渐渐从中觉出违和感。

"也许直接拒绝对方的拍摄请求比较好，但那也不容易。以前有个年轻的男孩子来这里，说想拍我们的店放在他的博客上，以此为小书店声援。我想着这样啊，那行吧。就让他拍了，但他离开后就音讯全无。说是想要声援小书店，其实到底是为了什么呢？之后没多久，有人告诉我说某个地方介绍了你的店呢，我就想，哦，大概是那时候的那个男孩子说的博客吧。虽然放了我们店里的照片，但内容不过就是在某地发现了这样一家有趣的店之类，没什么特别。这种程度的事也没什么好追究的，但加上老婆婆那件事，我就想着，至少不要让他们再拍客人了吧。"

此外，井原也表示她渐渐意识到自己的店与整个地区之间的联系。因为报纸杂志上介绍井原心之小店时，都会刊载井原万见子的照片，形容她是"努力在人口稀疏地区活力十足地经营书店的店主"，可她的满面微笑未必与当地实际氛围一致。如果心之小店的存在能激发当地活力倒也还好，但因为人口实在太少了，当地人好像也不太有兴趣搞什么振兴。

于是井原开始觉得自己总是满面笑容地出现在媒体上不太好，听了这话，我不由得想起她在《厉害的书店！》中轻描淡写提到的一件事：她在接受摄影家、作家都筑响一的采访之后，曾经拜托对方换掉计划刊载的照片。书里写得并不详细，所以我当时误会了，井原在意的并不是那张照片合不合她心意这种事，而是考虑到读者在看到她满面笑容的照片时，会对当地人产生某种印象。因为登载那篇采访的是大众类杂志，跟专业杂志不同，不知道会有什么样的人阅读……井原强烈意识到了自己给周边居民带去的影响。而她在书中简单提及替换照片一事，大概只是为了记录自己与善解人意的都筑之间的交流。

"百人村"，指的是井原心之小店所在的这个名为"平"的村落。来自远方的客人或媒体很难理解这个四面环山的小村庄居民们的心境。井原在自己书中介绍的那些采访者似乎都是能够理解她想法的人，或者至少是赞同她的人。

井原开心地回顾了至今为止来采访过她的人，另一方面，也对那些考虑不周的访问者心怀愤怒。

"那些看过我的书或相关报道的人远道而来，我当然是很高兴的呀。但是……虽然这话大可不必说，但对我而言最重要的当然是本地居民。当然，本地居民里也会有人跑来告诉我说'我看了你的书哦''以前都不知道呢''你真是够努力的呀'之类。托出版方的福，他们好像对我有了新的认识，这实在很难得。"

我起身走出店门，把手里的摄像机放回车上。顺道把之前为了随时使用而挂在牛仔裤皮带上的数码相机盒一并摘了下来。衬衫口袋里的 IC 录音机也收了起来。从我来到这里开始算起，差不多已经过了两小时。

田边市的母女俩离开后，店里的客流量大约维持在一小时内两三人的程度，且都是本地人。入口处的大门被推开时，客人与井原开口的第一句话大都是：

"欢迎啊。"

"天气真热啊。"

"是呀。"

"新一期的《数独游戏》来了吗？"虽然也有像这样询问解谜杂志的人，但整体而言，一进门就走向左边的客人很少。全员几乎都会先去右边，到里面的冰柜或冷藏柜里拿出一两个冰激凌或一两罐果汁。一边说着"啊，热死了，感觉身体都要融化了……"，一边从兜里掏出零钱交给井原后离开。

井原对着客人离去的背影说："多谢惠顾了哟。""多谢惠顾"之后接的是"了哟"啊。[1] 我百无聊赖地听着这些，一边见缝插针地与井原聊天，一边慢慢打量书架的陈列。

1　原文为"おおきにやでー"，"やでー"应为方言中的口音或井原的口头禅。

店内主打的果然还是童书，就连占据了一个大书架的农业相关书籍也像是反复斟酌过后才有了现在的样子。永江、青田、都筑，以及小林纪晴等此前来访过的人的作品，出版、书店、媒体论等主题的书都各自形成了一块区域。最让我觉得有趣的是虚构类、非虚构类读物的陈列方式。为什么这本书要放在这里……简单说来是毫无脉络地插在店内任意某个场所。

这里的陈列风格自成一派，并没有像别的地方小书店那样将几年前的畅销书摆在最前方，说实话我松了口气。如果是那样的话，就很难说它是"厉害的书店"了。整体面积不过20坪左右的店铺，书架所占空间仅一半多一点，在如此有限的空间里，要在哪里放些什么，包括杂志在内，能看出井原所费的心思。文库本的书架上，有两层都是岩波文库，它们几乎一动不动地历经年月变得陈旧。连井原也说，或许已经到极限了吧。

走出店外，对面体育馆传来孩子们的呼喊声，像是在进行排球训练。蝉鸣鼎沸，将周边一带包裹其中，还夹杂着一些我未曾听惯的鸟叫声。远处有金属球棒击打软式棒球的声音。即便如此，这里仍旧安静得能听见自己的呼吸。

我重新回到店里，坐在椅子上与井原交谈。这算是采访，还是单纯的聊天呢……来之前的纠结情绪不知不觉消失了，我仅仅是置身于此，陷入如斯心境。

排球训练似乎结束了，一群女孩子涌入店内，各自买了点心、果汁或是冰激凌。

"阿姨，好累啊。最近总是容易觉得累呢。"
"是因为太热了吧。比赛是什么时候呀？下周日？"
"再下个周日啦。反正也会输。"

看她们个子很高，我还以为是中学生，没想到竟然是小学生。

女孩儿们离开后，又来了个穿工作服的男人。他也同样是一边喊着好热啊，一边走进店里买了个冰激凌。和别的客人不同，他并未在冰激凌融化之前忙着走出店外吃掉，而是一直在店内徘徊，最终选了一本书拿去结账。之后又有一句没一句地跟井原聊起来。

我担心自己这个外来者打扰到他们，便尽可能地走远了些，到店铺最里面的角落里抽出一本书站着看起来。

男人似乎怀抱着某种复杂的感情纠葛。我也开始犹豫是否应当离开，但事已至此，现在走出去未免显得刻意，加上我对八卦也不无好奇，于是只能尽量消除自己的存在感。男人正在交往的女性似乎也是井原认识的人，她建议道：你毕竟是个男人啊，还是自己去问吧。

终于，男人离开了。井原默默对我笑，说这种事也是有的。笑完又认真地嘟囔："那样真的好吗？我是不是说得太过分了。"没有其他客人的时候，我们便坐回椅子上聊彼此的事和出版界的一些话题。

收银台周围贴了许多照片，是至今为止到店里来过的工作伙伴或采访者，是她为了留作纪念而拍下的。其中每个人说过的话、做过的事，她都记得很清楚，且能巨细无遗地讲给我听。毕竟这里地处偏僻，不是随随便便就能来的。很多人一生大概也只会来一次。因此对远方来的人，井原都心怀感激。

太阳开始落山，室外变得昏暗。

井原恶作剧般地笑着对我说："今天的营业额，我可是不会告诉你的哦。

"像这样几个小时看下来，你也能发现情况不容乐观了吧。"

1995 年，井原万见子继承了舅舅经营的"池本书店美山支店"，并将其更名为井原心之小店。井原的舅舅曾是教师，退休后在大阪府枚方市开了池本书店，为了响应本地人想在村里拥有一家书店的需求，于 1986 年开了这家"美山支店"。很快，他关掉枚方的总店，集中经营美山支店，但由于年事已高，他开始犹豫是否要把书店继续开下去。

店铺这种东西，一旦关门就无法再开起来了，就这样，侄女井原万见子决心继承舅舅的书店。社长不是她自己，而是她丈夫——经营汽车修理、涂装业务的井原汽修店的井原和义。汽修店的业务范围实际上不止修理和涂装，简单说来，当地人对汽车的一切困扰与需求都可以找他解决。丈夫的店名是"BODY"[1]，与之对应，那书店就叫"HEART"好了。相关事迹在《厉害的书店！》里有所记录。

在自己出生和成长的地方开一家书店，这个念头支撑她将书店经营至今。

据井原说，她确实也感到压力很大，几乎开不下去了。

"我也考虑过什么时候放弃，什么时候关店，但总之先设定一个短期目标，完成它，就这样一步一步地走到了现在。有时候也会想，等舅舅去世的时候就停业吧。"

我对她讲了日暮文库的原田真弓的事迹，说她为了用自己的方式把"书"交到读者手上，从大型书店辞职，开了家小书店。告诉她我一直在思考，那种驱使人们主动去继承与传递"书"的东西究竟是什么，思考这种可能性。此外，我还把昨天听到的福岛聪关于"纸质书与电子书"的演讲内容也告诉了她。福岛与她也曾有过交流。

井原表示，她也接待过一些想开书店的人，有人确实也

1　丈夫的店名原文为"IHARA BODY SHOP"，妻子的店名原文为"IHARA HEART SHOP"，BODY（身体）与 HEART（心灵）相对应。

把店开了起来，却没能持续下去。

"如果与当地居民的联系不够紧密，在人少的地方确实很难经营下去呢。所以有些事不得不做，大概就像发展业务一样？若没有这些人际交往，店很快就会开不下去。年轻人心怀理想开书店是好事，但就我来说，开书店并不是出于理想，而是一种命运使然吧……虽然是自己决定要继承的，但对我而言也是无法避免的。其实我也没读过多少书。童书倒是看过不少，回到家里毕竟还有三个孩子要带，作为母亲，闲暇时间太少了。

"但福岛店长关于电子书的想法，我一听脑子里就有画面了。我是很希望电子书能尽快渗透生活啦。例如在店里放一台专用机器，客人如果有想试读的书，只要按个按钮就能下载试读部分，类似前面五页，印刷出来交给他们就行。如果他们读完决定要买，就可以来订货。年纪大的人不会用电脑对吧，也不擅长使用机器。之前多次有客人来问我《1Q84》好不好看，能不能试读一下。但那套书有三本，价格很贵，因为不知道客人是否真的会买，所以我进货也很犹豫。如果有那种按一下按钮就能试读任何书的机器，对我们来说就很方便了。说起来电子书应该能做到这些吧？"

脑中琐碎的思绪很快就被眼前的目标挥散。这一时期，井原的目标是一个月后即将开展的"童书展"。

童书展是井原心之小店的供货方，发行商东贩为了促进童书的销售，在各地普及读书并在全国范围内开展的巡回活动。东贩与当地共同举办该活动的书店商议好活动内容，出版社也会参与其中或带来自家产品销售。这项活动即将在这个旧美山村举办，时间跨度为两天，以井原心之小店与附近的上阿田木神社、温泉旅馆爱德庄三地为会场，包括朗读会、织染体验教室等。主会场是在爱德庄举行的书展，届时会有上百箱童书和绘本运送过来。

书展的成果不只是活动期间的销售额，因为会有许多远道而来的客人，当地也希望能在活动中有所作为。

为了宣传这次书展，井原专门制定了"挑战个人读绘本100次"的企划，如今正在实施中。企划内容是要在活动正式举办之前，在该地各区域进行合计100次的读绘本的活动，希望能让更多人去参加书展。我到的这一天早上，她便已经在两个地方读了绘本，总计次数已逼近50次。

"既然已经说出了口，就得做到100次为止，话虽如此，实现起来确实不容易啊。"井原笑着用自嘲般的语气说。

"今天早上也是，那个地方我第一次去，谁也不愿意停下来听一听。既然没人，不如就这样直接读吧。我是这么想的，但又觉得太奇怪了。总之在一开始读之前，要把人聚集起来太难了……你觉得呢？是不是只有大喊'接下来我要读故事了！'这一个办法呢？或者唱唱歌吸引路人的注意力？明天我还得去那个地方，这可怎么办呢⋯⋯"

第二天早上，我走出距离井原心之小店约 30 公里的 JR 御坊站旁的宾馆，沿着井原心之小店的方向，在途中一个车站附近停下。那里有个"SanPin 中津"（中津土特产展销处）。时间还早，我混在买菜的人群里打量着店里的东西，很快，井原万见子开的那辆白色轻型汽车驶进了停车场。

井原抱着块立式招牌和折叠椅，手上挎着蓝色提包，包里塞着一捆传单和一些绘本，她把这些暂时放在店门前，一个人进了店，大声说："早上好，今天也要借用一下贵店外面的空间了！""知道啦。"里面有人回应道。但店员们都忙着招呼客人，整体给人感觉比较忙乱。

井原回到店门口，把那块稍高过她膝盖的招牌立在柱子旁。招牌上画着一个鞠躬的可爱女生，上面写着"读绘本活动进行中 欢迎光临"。接着，她把写有"挑战读绘本 100 次进行中"的传单，和下个月即将开展的童书展的传单分别用透明胶轻轻贴在柱子上。然后在自己正对面放了把折叠椅。我心想，那是用来放绘本的，还是给井原自己坐的呢？实际上好像是让听众坐的。

"你看，准备工作也就是这些⋯⋯但不知道是不是位置没选对？大家都在这里进进出出的，会不会妨碍他们呢？"

看到我时，井原表情严肃地小声嘟囔道。

我一边点头一边说:"不会啊,这里挺好的。"店门口往外就是停车场,但在停车场的哪个地方读,才能吸引听众呢?因为大家都要从这里进出,所以只能选这里了。

话虽如此,但多数人都是来买东西的,每个人的脚步都很匆忙。此时才早上八点半。

只能是这里了吧。井原轻声说。但她还是静不下来,在周边徘徊了一阵,最后走回来,从包里取出那捆传单。

"下面我要开始读绘本了——"她提高音量说出了第一句话。一个正要进店的男人瞬间将目光投向她,但在井原正要走过去把传单递给他时,男人又移开目光进了店。与此同时,另一个男人正要从井原背后经过,井原慌忙道着歉转过身体。此后又有几个人进店,她却没找到递传单的时机。

在忙着采购的人们眼里,她的宣传活动是否显得十分可疑呢?马上要进行的活动是读绘本,是为下个月即将在当地举办的书展造势——这件事本身没能传达给大众。

但没过多久,一位从店里出来的中年女性停下了脚步。她原先也打算立刻离开,但因为正好跟井原对视了,便停了下来。井原立即抓住机会走向那位满脸讶异的女士,加快语速告诉她下个月要举办书展的事,并解释说她正在做读绘本的活动。接过传单的女士表情渐渐缓和下来,或许是意识到这件事与"书"有关,便觉得井原并非可疑人物了。

听完井原的说明,她开口道:"居然还有这种活动,之前都没听过呢。是在这附近办吗？读绘本？我也曾经听过哦。是在哪里读啊？"其间也有几个人经过她们身旁。

最后，那位女性表示"丈夫还在车里等着，今天来不及了，下次吧"，便离开了。

"反正待会儿还有个地方要去，在这里就讲给你听吧。谢谢你来看我。"井原对我说。

"今天读哪一本呢……我一般都是到了地方才决定读哪本，所以都会随身带好几本……这本《长发公主》你听过吗？是这一带的民间传说。我很喜欢，也是我经常读的绘本之一。作者是有吉佐和子女士……"

对于没有听众一事，井原似乎还有些困惑，但她踌躇片刻后，便突然翻开绘本讲了起来。

长发公主。

文：有吉佐和子。图：秋野不矩。

从前，在纪之国的日高村，诞生了一个美丽的女孩儿。

那个地方濒临大海，一整天都能听到海浪的声音。

女孩儿茁壮成长，但不知道为什么，就是不长头发。

她的父母非常伤心，求神拜佛，但无论过去多久，女孩儿仍旧是个小光头。

开始读后，我在井原跟前跪坐下来，因为感觉应该是坐在地上仰起头听的。事实上这样也确实更容易静下心来。但在商店出入口翻开绘本讲故事的女人，和一个坐在地上听的男人构成的图景，映在别人眼里果然还是会很奇特吧。井原开始讲故事之后，有没有人产生兴趣靠过来呢，我对这件事很在意。

我该用什么样的状态来听呢？想到这里，我姑且站了起来，离开井原正前方，选了个斜对她的位置蹲下身去。正在讲故事的井原对面是来来往往进出店门的人，我现在的位置正好能观察到他们。但人们的反应在她开始讲故事之后也没有变化。大都是瞟一眼，一脸"这个人在干吗"的表情，然后步履不停地离开。

都怪那个发光的东西。

就是因为它，海上的风浪才会这么大。

有没有人愿意去把那个发光的东西捞回来啊？

渔夫们聚在一起讨论，就在这时，一个女人出现了。

"我去捞吧。"

"你要到海里去……"

大家都很惊讶。因为这个女人，是那个光头女孩的妈妈。

井原读的速度很快，甚至显得有些粗鲁。

在日高村的村民们因为连续大丰收而热闹庆祝的时候，潜入海中的女人静静停止了呼吸。日高村的村民们细心地将她安葬，并在她的墓前放了尊观音像。

从那时起，光头女孩的头顶开始长出了头发。

井原一次也没有抬头看我的反应，只是兀自盯着绘本，淡淡地读下去。因为没有听众，她的心情想必很郁闷吧。我也从未遇到过这种事。至今为止我见过的读绘本的活动都是提前通知，到了时间就有附近的家长带着孩子聚集过来，接着就开始讲故事。

而现在我眼前的井原，是在进行某种修行吗？就像大家时常能在街区内见到的托钵僧那样？

但随着情节的发展，井原的模样开始发生变化。读书的速度虽然没有变，视线也依旧停留在绘本上，但那似乎并不是因无人聆听而感到泄气。随着故事的展开，她的声音与表情有了些变化，确实像是在给某个人讲故事一样。

我环顾四周，不知是否因为远处连绵着几座小山，她洪亮的声音也有了回响。

十几米外，有两个夫妇模样的人正在把装有蔬菜的箱子放进车里，虽然未曾停下手中动作，但也朝这边看了一眼。

再远一点的地方并排停着几辆重型摩托，像是为观光而来的骑手们坐在停车场的柏油路上休息，彼此间并无交谈。井原的声音想必也能传入他们耳中。在店里来回忙碌的人们大概也把她读故事的声音当作了背景音乐。

这跟修行还是不一样。井原并不是为了锻炼自己才出现在这里。虽然她身前一个人也没有，却仍在试图把故事传达给在场的所有人，哪怕具体形式未必如她所料。

故事接近尾声时，我仔细打量着井原万见子的模样。

《长发公主》是关于日高郡的名寺——道成寺建立由来的传说。在母亲死后开始长出一头漂亮黑发的女子后来成了藤原不比等的养女，嫁给文武天皇为妃，并生下后来的圣武天皇。在被藤原不比等问起有何愿望时，女子表示，想为逝去的母亲建一座寺庙。

长发公主的故事，发生在 1000 多年以前。

读完最后一行文字，将近五分钟的读绘本便结束了。

井原笑了笑，却又立刻恢复了面无表情，忙着收起招牌和折叠椅，揭下贴在柱子上的传单。我站在原地，不知该对她说些什么。

明天她还要在这个无人问津的地方读绘本。昨天我听说这件事时，请她一定允许我去看看。一开始她很不愿意。今天，果真是一个听众也没有。我担心自己的任性已经伤害到了她，情绪也不免低落下来。

井原又进入店里，跟店员们打招呼。

"刚才多有打扰了，谢谢你们。"

"没事，辛苦了。"

回答她的声音似乎带有一丝暖意。

井原一边把东西装进车里，一边对我说："时间有点来不及了，去下一个地方的路上我会加速，你没关系吧？"我说："没关系，我会紧跟在你后面的。"虽然我并不擅长飙车，但刚才来的路上也开得挺快的。且不管怎么说，我不能输给比自己年长的女士啊。

然而，井原在驶出眼前的县道后，开始以我无法想象的速度狂奔。虽然当地地势确实利于行车，但她也开得太快了，进入狭窄的山道后也没怎么减速。要是森林里突然窜出动物或人可怎么办啊？我不禁开始担心。进入弯道较多的路线后，我终于再也跟不上她了。察觉到后，井原最终还是放慢了速度。

穿过狭窄的山道，进入到一条被中线分成两条车道的宽阔马路时，井原的车打着双闪灯开始减速，接着停了下来。

我好不容易才拼命追上去，根本无暇顾及四周，追到她车子后面才发现，这里有个小型汽车修理厂，里面停了两辆发动机盖被揭开的汽车。招牌上写着"井原汽修厂"。

井原下车后走入厂内。没多久，带了个身穿淡绿色连体工装的纤瘦的短发男人一同出来了。

"这是我孩子他爸。"她对我介绍道。

"中津今天的情况不行啊，大家都不停下来看看我这边。"井原这样一说，她丈夫反倒打趣她："什么？连败啊，也没办法！这种事也很常见啦！"井原脸上的消沉此刻已不见踪影。

"我想着反正要经过这里，就先介绍你认识一下。"井原对我说完，又对她丈夫道："那我走啦。"接着再次发动了车子。

下一个读绘本的地点，是位于井原心之小店附近的美山产品销售处。跟刚才不同，这里的停车场只能容下10辆车，店铺面积也小，店内只有两个工作人员。

"今天还是只有你一个人啊。"

她正在苦笑的时候，一对年轻男女进来了。听说其中那位女性去年也参加过井原的读绘本活动。"书展？100次挑战？我都不知道你在做这个呢，也请读给我们听听吧。"女性提高了音量。井原一边吃着梅子味冰激凌，一边再次为坐在眼前的两人讲起了《长发公主》的故事。"下个月的书展，我会带有小孩的朋友们一起去参加哦。"女性看着传单说。

再次回到车里，便要前往书店了。这天井原心之小店的开店时间比平时的十点稍微晚了一些。

跟昨天一样，我继续待在店里观察。到店的客人做的事跟昨天几乎相同。下午一点以前，共有五位顾客，所有人都买了冰激凌或果汁，其中也有人买了垃圾袋、点心、记号笔或是杂志。

"有烟花吗？我们家孩子想玩烟花。"

"烟花啊。没有呢。不好意思啦。"

这段称得上无聊的时间，我却乐在其中。井原那头相当忙碌，一会儿要整理货物、检查票据、发送传真，一会儿要打电话接电话，其间还要见缝插针地跟我聊几句。我问她，读绘本100次的时间表是怎么安排的呢？

"我并不是完全没有计划，也有些自己的想法，基本就是每个地方先连续去三天，之后稍微隔几天再去三次。接着再隔一段时间，再去个三四次的样子。循环到第三次的时候，就会收获与现在完全不同的反应。在民间传说里，做事做三次好像也很重要呢。事实上我一直是这么干的，到第三次的时候，效果就会显现出来。中津那边才开始第一次循环，虽然明天有点事去不了，但我觉得往后还是大有可为的。况且本地报纸的记者听说了这事，也觉得读绘本100次很有意思，说之后要找时间过来采访呢。

"一个听众也没有，能不能算完成了一回呢？总之先算入其中吧，今天毕竟你也来听了。"井原笑着说。

原来如此。井原所做的事果然不能算"托钵修行"。在当地报纸把这件事记录下来的时候，读绘本100次的活动中那几次无人聆听的小插曲，毋宁说会让整件事更加生动。

而我在见面前对井原怀抱的印象，到现在也消失得差不多了。不仅如此，我还深刻意识到自己的心胸狭隘。井原近20年来所面对的挑战，是在周边什么都缺的、人口稀少的地区将书店经营下去。我先前以为她只是个热衷自我推销和宣传的厉害角色，这一猜测也被井原心之小店所处的宏大自然轻易地吞没。

在人口稀疏的村子里做读绘本100次的活动确实是一桩美谈，或许有人会觉得还有更好的宣传方法，但我并不这么认为，那么，该怎么办呢？一切的前提是要在这个旧美山村进行。而在书籍的网络销售方面，井原心之小店与发行商东贩之间已有合作，毋宁说井原已经积极地采取了行动。

考虑到市场的实际情况，关店似乎才是更好的选择吧。井原万见子自己也说过，什么时候关门都行。但她眼下依旧决定继续做下去。

井原的丈夫打电话到店里来了。像是拜托她做什么事，井原"哎——"了一声，说："我没办法离开店里啊。有人来了怎么办？"我一问，原来她丈夫现在要把修好的车送还到客人家，但没有车载他回来，想让井原跟他一起去。

"如果只是这件事，就交给我吧。"我主动请缨。

"我老公开车比我还要快哦。"

那可就麻烦了。为了能让我跟上，只能请他慢点开。

等到井原的丈夫开着修好的客人的车到达后，我立刻开车跟上他。开了 30 公里左右，待他跟客人交接完毕，便让他坐在副驾，沿来时的路往回开。一路上，他给我讲了井原心之小店刚开业时的许多回忆，比如给学校图书馆进货等等，两人为了招揽客源跑了许多地方。

回到井原心之小店之后，我继续打量井原万见子与客人间的交流，其间与她说上几句。没多久，井原的丈夫又打来电话。

"他说为了感谢你刚才帮忙，今晚一起喝两杯怎么样？"井原转述。

"乐意至极。"我答。

当天，我在井原心之小店附近的温泉旅馆爱德庄订了房间。傍晚，我提前把行李寄存在旅馆，到附近的上阿田木神社散了会儿步。回到井原心之小店的时候，井原的丈夫已经到了。他好像是从家中仓库里开了辆款式古旧的吉普车出来，说要载我去兜兜风。

因为是敞篷车，我们吹着风奔驰在山路上。在一辆车通行都显得勉强的狭窄道路上，他居然把时速开到了70公里，实在有点可怕。井原的丈夫一边维持车速一边向我介绍，说这辆车是昭和五十五年（1980年）产的铃木吉姆尼，如今在日本也只剩几辆，是很稀有的车型，引擎和车体性能都跟现在的车大不一样，汽车发烧友绝对不能错过。此外，他还说自己有猎人执照，曾经猎过一头鹿并用刀子将其大卸八块，说刚切下来的鹿肉可以做刺身吃。无论他的话听起来多么自得，也丝毫不让人厌烦，因为他的语气十分快乐，只是单纯想与人分享。

此后，他把车停在汽修店，领着我走向当地唯一的居酒屋。我们在店最靠里的座位相对而坐。我仔细打量他，一身淡绿色连体工装，肩上搭着黄绿色的毛巾，体育生一样的短发，皮肤晒得黝黑，脸瘦而精悍。

"酒我只给你倒第一杯，后面你就随意啦。你喝啤酒吗？我啊，只要一进小酒馆儿，一定得喝八杯加冰的威士忌！一定要喝到八杯。店里人要想帮我斟酒，那可不行！喝酒的速度得自己把握。你说对不？"

他一边喝酒，一边对我讲述与妻子的相识相知，说两人结婚一开始遭到反对但最后还是结了，又提及养育孩子的有趣之处……之后，下班后的井原万见子也来了，在丈夫的旁边坐下。

"她是我们家的宝贝。"

他说。井原丝毫没露出害羞的模样，只是莞尔一笑。当时我只觉得他的说法很有意思，并对此印象深刻，直到第二天拜访应"长发公主"之愿而建立的道成寺时，才明白其中的含义。

道成寺宣扬的是戏仿"西方极乐"的"妻宝极乐"，其信条是：自家妻子就是全日本最好的，要珍惜她才能让全家繁荣，死后往生极乐。与道成寺有关的故事中，最有名的便是"安珍与清姬的传说"。违背了二人重逢誓言的安珍被清姬追赶，清姬因愤怒而变身为蛇，将藏在道成寺内大钟下的安珍连钟一起烧死了。妻宝极乐便是源自这个传说。寺内援引从前的绘卷，将这个故事与绘卷背后的寓意解释给前来参观的人们听。

"你是为了采访心之小店而来的吧。我来告诉你一件重要的事吧。心之小店为什么能持续经营到如今？这可算得上是七大奇迹了。七大奇迹之一，最重要的事，我来告诉你。那就是心之小店的社长是我，店长是我老婆。然后呢，往下就是七大奇迹的答案。"

"对吧，这可是件了不得的事。"丈夫一边用手咚咚地拍井原万见子的肩膀一边说。井原到这时才露出一丝不安。

"老公，你说什么呀？今天醉得可真早啊。"她玩笑般用手捂住丈夫的嘴，又被丈夫挥开。我一直觉得她举手投足间很像某个人，这下终于想起来了，是横山泰子[1]。

"难得人家过来采访嘛。七大奇迹中的一个，告诉他也没啥。听好了。答案就是，店长不领工资。也就是说，人员成本为零。这家店不需要这份开销。怎么样？"

虽然被问"怎么样"，但说实话这并非什么令人吃惊的事。我"嗯"了一声作为应答，不知是否反应太冷淡了，井原的丈夫看起来很失望，声调也不由得降低，说了句"唉，就是这样了"。

"还有六个奇迹是什么呀？"井原愣愣地问。

"还有……还有什么来着？"

"什么呀，你自己也不知道啊。"

1　横山泰子：日本的文学研究者、近世文化学者、法政大学教授。

笑声回荡在居酒屋里。

难道妻宝极乐的教导，才是井原心之小店的支柱吗？

安珍与清姬的传说也和长发公主的故事一样，诞生于1000多年前，是当地口口相传继承下来的。

井原的丈夫井原和义自2009年开始，便致力于以个人身份继续开展当地至2008年已持续了14届的"纪之国美山马拉松"活动。该活动中止的理由是，沿路进入长期施工的地点越来越多了。但井原和义很清楚，行政上给予的说明充其量只是"暂时停止"。

"我想着，好！在活动重启之前，就由我来让它延续下去吧！到前天为止，我准备了跑步途中的补水点，准备好好发挥一场呢。我家的孩子当天也会一前一后地骑自行车跟随。虽然每年参加的只有那么几个人，但是啊，那种活动是为了守护本地文化而存在的，可不能因为一点小事就停止。我想传达的就是这个想法。因为他们只说是暂时停止，所以绝对不能让他们反悔，因此我要通过奔跑的方式，持续给他们施压才行。"

我对此十分佩服。听井原和义讲述他奔跑时长的阶段性变化时，我也被带着说漏了嘴，说自己也曾参加过一次马拉松，那可真是太吃力了。

"明年的出场资格会增加到15人。到时候你也来参加吧。"

如果拒绝他的邀约，我总觉得好像不够爷们儿。但还是没有立刻回应，心想不能轻易应承。

第二天早上，井原万见子到三个地方读了绘本。

第一个地点是丈夫汽修店旁边的活动室门前的路边，从六点半开始。井原去的时候，已经有四个孩子等在那里了。井原一面眺望沐浴在冉冉升起的阳光中的群山与田地，一面坐在路边给孩子们讲故事，像是逐个与他们说话似的，读了两本绘本。

把孩子们送回母亲身边后，她又去了开车距离仅三分钟的美山中学。校园里有12个正在做暑期广播体操的小学生。体操结束后，大家都围到了井原身边。

早晨的校园里，她的声音朗朗，响彻四方。

"下面我们来讲伊索的故事。"
"伊索寓言。你们见过这幅画吗？"
"都是很短的小故事。"

在这里读了三本，用了20多分钟。

井原先回了趟家，接着又去了美山公民馆。这天，在与帮忙一起读绘本的志愿者社团"胡桃木"共同举办的活动上，井原和两位女性轮流为三个孩子读了绘本。

"你也来试试不？很好玩的。"

井原一度邀请我也参加，但我毅然决然地拒绝了。因为感觉那是个不容侵犯的圣域。但走出公民馆后，我又有些后悔。

对着孩子们读绘本的井原，跟昨天见到的她有些不同，虽然没有过分控制语速快慢或变换声线，但她会在中途停下来跟大家聊天，把孩子们拉入故事之中。

积少成多、细碎却需要坚持的每一天——

井原万见子不断重复谈论的，是"自己所做的究竟是生意，还是在为当地做志愿者"。井原的店虽然必须通过生意才能维持下去，但当地居民偶尔也会把她视为生意之外的某种存在。一旦本地计划开展什么与书相关的活动，便会有人来找她商谈，请求合作。井原当然乐于合作，但若遇到将志愿活动当作理所当然的人，还是会与之保持距离。

我虽然能理解井原抱持的矛盾，但脑中还是产生了迷雾般的疑问，且感到雾气越来越浓。

书店是生意吗？

一定有人会说，当然是啊。井原如果被问到这个问题，或许也会如此作答。

但仅用"生意"这一个词形容，显然是欠妥的。让我重新对此产生思考的，就是井原的读绘本活动。

书店，仅仅只是做生意吗？

与书相关的事物中，还有很多无法简单以此概括的存在不是吗？

井原万见子，这天也在继续营业。

我原本是打算看完早上的读绘本活动就离开的，但跟她一起回到店里之后，不知不觉就那么留了下来。

一开始来了个拄拐杖的老婆婆。接着又有个骑摩托来的四五十岁的男性。一个带着孩子的男人来了。刚才跟井原一起读绘本的女性志愿者也来跟她商讨 8 月的读绘本活动。大家都买了冰激凌、果汁，或是一两件生活用品、书等。

正当我准备告辞的时候，两个小学男生和一个小女生来了。他们匆匆丢下自行车，拥进店内。

"哦哦，欢迎啊。"

"阿姨，我告诉你哦，刚才路上有独角仙的尸体呢。你看到了吗？"

"没看见呢。"

"超厉害，还硬邦邦的。"

"阿姨，我今天是来买《COROCORO》的。"

"那个啊，还没到呢。《JUMP》倒是下午就会来。"

"我要买 GARIGARI[1]。"

"我也要 GARIGARI。咦，阿姨，今天没有苏打口味的呀？"

"苏打口味已经卖完啦。今天选个别的吧，那边的 147 日元。"

"阿姨，我有 5000 日元的纸币。给你 5000 日元，你要找我 5000 日元，对不？"

"说什么呢，你买了 462 日元的东西，找你 4538 日元才对吧。哎，那边那个 212 日元。"

孩子们不分先后、七嘴八舌地朝井原万见子喊话。井原淡淡地回答了三人的所有问题。看起来就像是母鸟在给张嘴叫个不停的雏鸟挨个儿喂食一样。买完东西的孩子们接下来又迅速拥出门外，骑上自行车。碰到被阳光烤得发烫的坐垫时，他们大叫道："好烫！""烫死人了！"

"那肯定会很烫了。注意点啊。"

井原目送着三人离开。说起来，她送客人离开的时候总是要一直送到店门外。

店铺那头的小学传来吹奏部练习的声音。一旦有谁出错，

1　GARIGARI：日本赤城乳业生产的一种冰棍的名字，有各种口味。

演奏便会中止，回到前面一点的地方重新开始，就这样不断循环。我静静地听了会儿回荡在山间的绝对称不上拿手的演奏声。

很快又有客人来了。我再次失去了告辞的时机。

在那之后一个月左右便是童书展。我因故没能前往，于是在书展结束的几天后跟井原万见子通了个电话。

"这是我十多年来一直很想办的书展。因为想让本地的孩子们也能至少有一次机会，在这个美山村见到大量的书。"

此前去拜访的时候，井原便这么说过。

"对我而言，是很重要的目标之一呢……"

然而，她似乎最终没能达成这个心愿。书展的结果好像并不乐观。

书展结束，开始收拾的时候，突然下起了很大的雨。

于是那天我的店到下午三点才开始营业。

可到了三点，天气又瞬间转晴了。

开店之后，住在附近的老爷子一边说着"好热啊"一边进来买冰棍。

就这样，一切又若无其事地回到了从前的模样。

我心里想着，怎么回事嘛，这个那个都不来参加书展。让我一个人待着得了。

但既然开着店，就会有人像这样过来买冰棍，这毕竟是我的地盘，每天都是如此呀。总之两种情绪都有。

但要怎么办才好呢？为什么一切都进展得如此不顺呢……

井原万见子一直喃喃诉说着这些烦恼。

第四章　掉队的男人

前泽屋书店　伊藤清彦的隐遁

只要回到现场，就还能干下去。

我已经不再拥有这种自信了。

我认为，属于我的时代已经结束了。

他这些话里的意思必须好好理解。

"属于我的时代"是指什么呢？

明显不是指他被称为"领袖型书店人"一事。我从未遇过因被吹捧为领袖就得意扬扬的书店员。虽然也有人会在短期内产生错觉，但他肯定不是会因为这种事就得意忘形的人。

即便上面要求须保证畅销书、话题新作的销量，他仍会在店内各处陈列自己发掘的好书，抑或率先发现其他书店尚未察觉、具有畅销潜力的书，预先大量订货。曾经的时代，是这样一个能让书店员发挥主动性、享受工作乐趣的时代。他们日复一日地活用自己庞大的阅读量与人脉去完成书架的布置，并由衷期待着每天到货的新书，猜想接下来会遇到怎样一本愿为之付出精力的书。

"我"能做到这些事的"时代"已经"结束了"。

他的意思或许很单纯，是说自己已经无法作为现役人员继续工作了，但言语中无不透露着对如今"书"所处环境的失望。

虽然如今书店的现场也并非完全没有书店员大显身手的机会，但至少对"我"而言，是时候退场了。

泽屋书店的伊藤清彦作为书店员之象征的时代，确实已经结束了。

伊藤清彦的家位于岩手县一关市，我来到他家，与他在小小的被炉两侧相对而坐。他的座位旁边有个小书架，每一本书都包着书皮，上面有他手写的书名与作者名。书架遍布家中各处，所有书都以同样的方式保存着。主屋外的偏房里也堆满了小山似的纸箱，里面装着书架上放不下的书。总计大概有几万本吧，连他本人也不清楚。

屋外有通向庭院的廊檐，廊上吊着风干的柿子。草木茂盛的庭院外有一些塑料大棚和农家，更远处是宏伟的群山。夕阳包裹着这片景色，橘色光线与黑色阴影的对比非常鲜明。他家的庭院肥沃得令人惊讶，据说夏季在廊檐上吃西瓜时吐掉的西瓜子，到了秋季竟然结出了果实。早晨，他曾发现过日本鬣羚的足迹，到深山里散步时，还曾远远看见熊并迅速逃离。

伊藤清彦在新书书店业内，算得上最有名的书店员之一。准确说来是"曾经最有名的"，如今，这个家就是他的主要活动区域。他继续读书，偶尔在网络上发表少许观点，做做家务，就这样过着日子。

我第一次拜访盛冈的泽屋书店，已经是十多年前的事了。最先让我感到震惊的是，竟然有书店能让这种断定语气发挥如此大的作用。

"本书是今年上半年最好的推理作品。"

"警察小说史上的最高杰作诞生了！"

这类几乎显得傲慢的宣传语写在手写广告上，摆得店内到处都是。想来是故意博人眼球的吧，若非对判断作品的好坏有相当自信的人，是写不出这种文案的。

此外，卖场内的各个场景也给我留下了深刻的印象。尤其引人注目的是与乡土有关的书籍陈列。我第一次了解到地方书店必备品[1]——乡土类书籍的魅力，便是在泽屋书店。他们不止把相关书籍集中摆在一个固定区域，还在入口附近的话题书区域，乃至收银台周边都有放置。例如在收银台前面放一本介绍岩手县某村落传奇医生的书，并在其两侧放上乍看与之毫无关联的作品。了解这三本书之间因缘的人会心生欢喜，觉得"这家店很懂行啊"；不了解的人则会心生好奇，

1　除东京以外，日本各地都有各自振兴当地文化的手段，书店方面则是会有介绍当地风土、民俗等特色的书籍，此为必备。

猜测"这三本书为什么会放在一起呢"。像这样通过书与顾客进行交流的设计，在这家店内俯拾即是。20世纪90年代中叶，我就职于一家小型出版社，开始有很多机会寻访全国各地的书店，但彼时，书店作为地域文化代表的氛围已经在各个城镇中渐渐消失。泽屋书店却是例外，它仍与岩手县保持着鲜明的一体感。

伊藤清彦担任泽屋书店店长的时期，曾一手捧红了许多所谓的"书店发掘的畅销书"，连出版方都不曾花精力去卖的已出版作品，由于一个书店的努力而开始受人关注，最后在全国范围内越卖越好，他就是这样一个人。其中一个例子是《天国的书屋》（松久淳、田中渉著，镰仓春秋社；文库本为新潮社出版）。该书于2000年末开始销售，一年内只卖出1000本左右，出版方已经将其列入绝版[1]名单。但在2002年，伊藤清彦于自家店内进行大量销售之后，该书获得关注，很快在全国范围内成为畅销书。当时，连两位作者都评论说："这已经不是我们的书了，是伊藤店长的书。"

他眼光极为敏锐，能一眼分辨出"即将走红的书"，并以此特长闻名。1998年秋出版的《五体不满足》（乙武洋匡著，讲谈社）在发售之初丝毫没有话题度，第二年却突

1　绝版：一本书首印一定量后若未售完且销量持续低迷，便不会有加印机会，此谓绝版。

然人气暴涨，而据说全国各地的书店中，这本书进货量最多的就是泽屋书店。在出版之初便读完它的伊藤心中已有预感，他调查了作者乙武洋匡即将在电视里出现的频道和节目，并锁定了一个他认为最可能引发观众反响的节目的播出时间，提前三个星期从讲谈社进了大量的货，预先陈列在店内显眼的位置，用这段时间让当地人熟悉该书的书名和封面。等到节目播出那天，书店常客中便有许多人会想起"那家书店里有这本书"。因为是突然走红的书，其他书店都没什么库存，泽屋书店里却有很多，这个消息通过街谈巷议广泛传播。他的眼光就是如此长远。据伊藤说，这本书刚火起来的那个礼拜，泽屋书店就卖了1200多本。事前能与讲谈社协商到如此大的进货量，也是因为他拥有良好的人脉与沟通能力，这才有了后来的成功。

除了以上说到的眼光和能力，他还很有人情味。比如，某家中坚出版社因被别社抢走人气作家后陷入危机，不仅遭到嘲笑，还被非议"快要倒闭了"，伊藤得知此事后决定助他们一臂之力，创造契机帮他们再次推出了热门之作。我曾听那家出版社的人说："盛冈那边对我们的恩义没齿难忘。"

类似的例子太多，几乎可以写成一本书。事实上，他的《盛冈泽屋书店奋战记》一书里便记录了他成为书店员以前的生活，以及在东京山下书店时期的经历。

当伊藤清彦留意到一本书的瞬间，便会有不可思议的事情发生。

这种说法绝非夸张，好几本书都是在当时人口不满30万的盛冈的这家小书店获得了大热的契机。当类似事例一件件浮出水面的时候，伊藤清彦与泽屋书店之名也开始广为人知。

但很突然的是，伊藤在2008年10月从泽屋书店辞职，成为无业者。

原因最早能追溯到两年前的一件事。距离泽屋书店总店步行只需一分多钟的地方，新开了家淳久堂书店的分店，卖场面积是泽屋总店的六倍以上，超过700坪。当时的盛冈郊外也开了两家AEON投资的大超市，城镇构造与消费者的活动路线都开始发生巨大的变化，而这些变化在其他地区已经发生过了。

我当时以泽屋书店、东山堂等本地老字号书店会如何应对这种变化为主题，对盛冈市役所[1]等包含行政机关在内的相关机构人员进行了采访。之所以以盛冈为例，来揭示全国范围内正在发生的现象，正是因为伊藤清彦生活在盛冈。AEON的新店开张所象征的城镇变化、国际连锁型零售商店赌上生死存亡的过度扩张，会轻易吞噬掉泽屋这类独具魅力

1　市役所：日本当地公务员办公的地方。

的本地书店吗？又或者充满力量与热情的书店员所在的店铺能够顺势乘上这波变化，顺利突围？我当然期待后者的发生，但彼时的伊藤却很悲观。虽然构思了对淳久堂、AEON的战略计划，但他也直率地表示，这可能是无用的抵抗。唯有那句"在全国到处开分店的国际连锁书店是城镇的破坏者"语带憎恶，令人印象深刻。

对伊藤而言，AEON是把市民带往郊外、破坏历来社区共同体的巨大资本的代表，淳久堂书店则是直接抢走自家客人的大型竞争对手。对他的观点，我表示赞同。尤其是AEON的建筑周围一家本地店铺、中小规模店铺也没有，其构造仿佛在说，AEON能满足客人们的一切需求。AEON大楼像吸尘器一般将列队而来的车辆逐一吸入其中，那模样甚至让人觉得毛骨悚然。但AEON方面毕竟也在这块未开发地区投入了资金，背负了风险。成功者总有其理由，若要把AEON、淳久堂视为纯粹的"恶"者，也是缺乏说服力的，这一点伊藤应该也明白。

站在这面巨大的屏障面前，伊藤清彦与泽屋书店会如何应对呢？虽然这与他所擅长的发掘畅销书属于完全不同的领域，但我仍然期待盛冈的泽屋会因此孕育出什么新事物，所以两年后听说他辞职，我感到相当沮丧。

致电过去询问，却听他说，因为最近照顾父母也开始变得辛苦了。当时，他已经和妻子搬去了一关市的老家，须坐新干线往返工作地盛冈。远距离通勤，加上照顾父母的时间增加，导致他很难再做到每天开店和闭店的时间都在店里。而他一向很重视每天早上打开配送新书的纸箱，以及闭店时确认当天的销售状况与书架的变化。

"我虽是长子，却在大学时跑去东京，对老家的家人弃置不顾。至今为止都没能尽孝，所以想着要尽量补偿父母。虽然无法因此赎罪，但眼下还是想专心照顾他们。"

然而在第二年的 2009 年，我借着出差东北的机会到一关市去拜访伊藤清彦，他才告诉我，想专心照顾老人虽然是事实，但当时辞职的直接契机还是公司的裁员。业绩持续下滑的泽屋书店计划改变体制，让年轻员工成为公司的核心。跟其他资深社员一样，伊藤也被迫离职。听了这话，我的惊讶程度远胜当初，也不得不开始思考伊藤这种富有个性的书店员的存在价值。不过，随着时间流逝，我对此事的印象也有了改变。当时的泽屋书店确实是在一边裁员，一边进行人员调整。虽然"裁员"二字令人联想到经营者与雇员间的薄情，但要综合伊藤清彦与泽屋书店社长赤泽桂一郎双方的说辞，事情并非绝对。

无论事实如何，伊藤清彦离开书店一事都令我备受打击。对我而言，他是立于前线的书店员力量的象征，是最伟大的英雄。我本人虽然厌恶社会上常说的"领袖型书店员"一词，却十分崇拜他。因为他具有连续挖掘畅销书的华丽技巧、以丰富阅读量为基础不断挖掘新作者的贪欲、独占市场上缺货书籍的绝技，以及让乡土类书籍展现全新魅力的卖场布置能力。虽然拜访他的机会十分有限，但他的事迹却总在告诉我，自身实力对卖书而言有多重要。

此外，伊藤也很擅长向周围人传达这些东西。

在职期间，伊藤在媒体上的曝光度日益增加，有时还被邀请到九州，去给同行做演讲。我也曾在自己就职的专业报纸上以他为例撰写过数次报道，还曾邀请他连载过专栏。

写作或讲述时的他总是很明确地表达着"书"世界中的好与坏。他对轻视作者灌注心血之作品的行为持批判态度，并捡拾消费狂潮中被忘却的作品温柔以待。

对大众的流行保持怀疑，站在少数方思考。这可谓是"书"世界的基本姿态。正因为伊藤拥有突出的销售业绩，讲起这些才更有说服力。

关于书店的运营方法，他也有基于理想的严肃考虑。他的观点之一，便是"现场的从业员必须按男女老少均衡分配"。很多书店为了削减人力开销而倾向于尽可能多地聘用女性员工，但他并不认同。举例而言，描述暴力或性的硬汉推理小说中也有优秀的作品，但若书店倾向于聘用女性担任文艺书负责人、文库本负责人，发掘这类作家和作品的土壤就会变得贫瘠。业界和经营者们应该认识到，每位书店员的判断与内涵，都关系着一个类型或一部作品的生死——哪怕这话很容易被误解为歧视女性的发言，他也一直在表达这个观点。

在书店卖场发生的事，都会在很大程度上影响"书"的未来。他的理论与实践，总是以在书店现场发挥主体性去和"书"产生关联为前提的。

前面已经提到，作为公司职员而扬名的书店员，定然会受到周遭的严厉评判。但我不认为这会打倒伊藤，因此并未太在意，只要有机会就从他那儿寻求意见。如果以为自己的行为对他是种加害，那可就太荒唐了。我相信他的言行会成为年轻书店员们的指南针，因此从不后悔在媒体上提及他。

比起这个，他的离开才会动摇书店员的存在意义与未来的可能性。

我沮丧得几乎想骂人。

伊藤清彦的父亲，在他离开泽屋书店约 10 个月后的 2009 年 8 月去世了。其母仍健在。

虽说要专心照顾父母，但他也并非完全不问世事，一度也摸索过回到书店现场的方法。父亲去世前的一段时间，他曾在一家国际连锁型书店就职。为了平衡照顾父母和工作两件事，他找了家一关市内的书店。从父亲住院的医院过去，开车只要两三分钟。

但在那家书店度过一星期的研修期[1]之后，伊藤只在现场工作了三天便辞职了。

"那家店对书的判断太糟糕了。当然，我也太着急了。"

那家书店在他厌恶的AEON里租了个店面经营。用他的话说，就是一家至今仍把手机小说[2]摆在文艺书区前面的店。[3]

"进什么货完全由总部决定。这种水平的店，不是我从私人角度讨厌它那么简单，而是它在根本理念上就错了。没有比这对客人更失礼的事了。书店就该根据地域特色和顾客具体情况来设计陈列方式。本部根本不了解一关这个地方，让他们决定进货品种是成不了好书店的。"

我问："就不能稍微忍耐一下，花些时间说服总部和现场领导吗？"

伊藤微微面带愠色地说："因为他们什么都不懂啊，做的事全都不对。首先，他们否定了我的人脉。虽然我没主动提过，但第一天上班，就有从前认识的出版社营业人员过来看我。人家只是出于善意和激励才来打招呼的呀。可这件事

1　研修期：即正式工作前的培训期。
2　手机小说：指多用手机写作、阅读的小说。是21世纪初在日本兴起的青少年文化之一。
3　日本手机小说曾在21世纪初的五六年里非常流行，畅销一时。2008年以后销量整体下滑，被视为热潮已过。文中的意思是说这家店的书籍陈列跟不上时代，店员也没花心思。

传到总部，上面的人却让我不要跟他们接触。只要我在这里工作，就能跟出版社搭上线，但这家店却不允许我使用出版社方面的人脉，这是他们明确提出的。我没有完全否定，因为心里想着，这可能是书店的策略吧。但在跟店里员工一起工作了三天之后，我却觉得他们很可怜。书店现场的人只根据本部的指示行动，跟总部的联络沟通就占用了整个上午的时间，摆放新书的工作被迫延迟。而且他们对客人漠不关心。办公室里装着监视器，总部能实时监控。店长的桌前连把椅子都没有。"

——诶？

"好像是让大家在营业时间内不要坐下。也不知道他们是从哪里的零售业学来的方法。研修期内也给我们看过监视器里的画面，当时我就觉得，天哪，居然把店员管得这么紧。这算是店铺数量过多的弊病吧，他们并不相信员工。我以前的做法跟他们可是完全不同呢。有些时间段客流量少，我就让店员们两人一组轮流休息 30 分钟，与之相对，忙碌的时候就拜托他们多照应一些。像这样让现场的人根据实际情况判断的行为，那家店几乎没有。公司那边只是拿出方案让大家照做。"

伊藤皱着眉把手指伸进左耳里，将挖出的耳屎弹进旁边的垃圾箱。"啪"，纸袋发出微弱的响声。

——你只想回新书书店工作吗？

"我一度想过完全脱离这个环境。但最终还是……觉得太浪费了（笑）。想过要重新找家书店工作，但也不那么拘泥于新书书店了，总之还是想与书打交道。生活上只要能凑合过下去就行。如今最痛苦的是没办法在现场与书为邻，接待客人也是一样，如果不待在现场，能力就会急速减退。"

——接待客人也是一样，是指？

"身为书店员最有意思的事之一，果然还是当客人问起有没有某本书的时候。自己若是知道，就能顺道推荐一些关联书籍给他们;若是不知道，刚好能从中受益，获得新书信息，尝试进货并将其与现有书籍搭配陈列，扩大书的种类。这种沟通对我而言很重要，我也会有意识地让其他客人知道，这家店的店员对书的话题知无不言、言无不尽。一旦他们对此产生兴趣，就会时常光顾，这样一来，客人们也为店铺的兴旺贡献了一份力量。不管怎么说，身处现场意味着一切。那种只会根据总部列出的数据分配各店的书的工作，到底有什么意义呢？虽然各行各业都有身在现场才能明白的乐趣，但我觉得书店是最有趣的。不仅有广度，还有深度。加上参与其中的顾客，趣味更是无穷。如果不能发现这份乐趣，只知道干活，可就太浪费了。那样就只是在劳动而已。"

他越说眼睛越亮，让我不无感慨，新书行业失去了一位难得的人才。当然，若非他将回到书店工作的条件限定在离老家较近的一关市内，邀请他的人想必不会少。但他本人却已开始丧失回到新书书店的激情。

我内心也有些期待他不再回去。

距离在和歌山看井原万见子读绘本，已经过去差不多四个月了。其间的一些见闻大概也对我产生了影响。

夏末，我参加了长野县依那市高远町举办的"第二届高远图书节"。这是一个以作家北尾 TORO[1] 为中心推进，旨在宣传"让高远成为书之街"的项目。因为并无明确目的，我也一度踌躇去或不去，最后还是于工作日驱车前往。北尾TORO 身为作家的同时参与制作、销售，献身于这个项目中与"书"有关的一切环节，并以实际经历为基础，写作和发表观点，我对他抱有敬意。

若有机会，我还想去拜访一下"书之家"。这是北尾TORO 与东京西荻洼一家名为 HEARTLAND 的古书店老板齐木博司等人在高远町开的一家咖啡书屋，也是"书之街"战略的据点。我对齐木也颇感兴趣，听说这个项目实施的计划刚一决定，他便果断关掉自己的店铺，搬来了高远。据齐木说，这里冬天可以登山、滑雪，只要有酒，在哪儿都能过活。从他身上，我感受到一种新书书店店长或店员们没有的轻盈

1　北尾 TORO：北尾卜口，本名伊藤秀树。自由撰稿人、《季刊 REPO》总编辑。

与自由。

虽是图书节期间，但毕竟是工作日，高远町没什么游客，四处都很安静。这一天，以带地炉的木造传统民居为会场，长野县内各地与"书"相关的地域活动者齐聚一堂，举行了座谈会。与会者中，有小布施町的图书馆长、轻井泽的咖啡书屋经营者等。

通过这个座谈会，我第一次得知长野县大町市的"主商店街"举行的"街中图书馆"活动。活动主办人堀坚一一面用豪放的口吻吸引大家的注意力，一面开始讲述自己举办这项活动的初衷。堀坚一早前就对"书"相关场所的逐渐减少产生了危机感，后来又得知市内一些老人去世后，遗属将其藏书全部丢弃的事例越来越多。一般来说，人们会把这类藏书卖给古书店，或是捐赠给公共设施，但当地并没有太多此类寄放点，BOOK OFF 之类的二手书店又在距离很远的郊外。

至今为止被丢弃的书中，似乎还有相当一部分是稀有品。于是，堀坚一从三年前开始一家家走访商店街内经营的店铺，希望能在他们店门外或是店内放一个"纸箱图书馆"，请他们呼吁商店街的客人把不要的书都放进去。放进纸箱里的书谁都可以借走，也可以直接拿回家当作自己的藏书。如今，这条商店街里已有二十多家店放置了这种纸箱，据说一家对该活动宗旨表示赞同的牙科医院还把自家建筑的一部分开放出来供大家使用。

会议结束后，我在停车场叫住了从联欢会中途离开的堀坚一，对他说："你之前讲的内容很有意思。"他用活泼的语调说："如果要为书做些什么，真的只有抓紧眼下了吧！"他的声音久久回响在繁星满天的夜空下。

"你在座谈会的时候记笔记了，是干那个的吗，出版专家？"

——称不上专家，只是有兴趣罢了。

"我想请教你一个问题。过去的书，好像都是用汉字写的，很难读懂吧。与之相比，如今的书里有很多平假名[1]。但这样一来，不认识生僻汉字的人不就增多了吗？这难道不是让日本人的识字水平越来越低了吗？比如说歌德的书，最初有人将其翻译成日文，如今又有了更易读的翻译版本。但我觉得只有如今这种版本的歌德作品是不行的，从前的翻译版本也必须留存下来。"

从一个像是会踩着拖鞋大摇大摆走在商店街的大叔口中

---

1 日文假名来源于汉字偏旁部首，是一种表音文字。假名的"假"有假借、暂时之义，与之相对，汉字曾经被视为正统、永久的"真名"。比起复杂的汉字，假名更适合日本的音韵体系，也更易于民间普及。日本的文化人将汉字及汉文化视为一种教养与学问，平民百姓则多用假名。现代日语是汉字、假名（平假名、片假名）、罗马字等各种文字混杂使用，学校教育虽对汉字识字率有一定要求，但纯粹的汉字词汇往往用于正式场合或书面语，生活中未必常用。

听到歌德的名字，给人感觉怪怪的。但在从前，这种事想必也不稀奇吧。"箱子里会收到各种各样的书。前段时间还出现了樋口一叶的初版书哦。我每天都会巡视所有的箱子，如果发现了贵重的就拿走，先保存在我那儿，将来某天再交给别的什么人保管。"

那条商店街上也有本地人经营的小型新书书店。

"对这件事，我是非常在意的。因为整条街上摆满了能免费阅读的书。所以我就去了那家书店，本来是打算跪拜道歉的。我告诉店长：'妨碍了您做生意，太抱歉了。但这是为了整个地区好，希望您能理解。'说完，店主却对我道谢，还说如果对书有兴趣的人增加了，总有一天，来买书的人也会变多吧。听了这些，我真是太开心了。"

隔天，我去了大町市。堀坚一原本的工作是在一家销售建筑、建材的公司担任营业课长。想到开展"街中图书馆"这一活动的契机，除了他在座谈会上说过的那些，还有个原因，是他接待过的一位顾客告诉他，希望眼下商店街持续衰退的情况能得到改善。

"说到激发当地活力，大家很容易就会提出积极增加人口之类的策略。但我想说，不要从这个角度去考虑。没必要开辟一条不需要的道路，仅靠目前少量的人数，大家齐心协力，哪怕变成一个贫穷的城镇也没关系。即使没钱也要快乐地生活下去，若非如此，本地商业就无法维持。"

他明明没有在商店街里开店，为什么会有人来找他商量这种问题呢？我对此很好奇。问过之后才知道，他这个人很喜欢跟人交流，因为时常有求必应，渐渐变成了大家依赖的对象。他读过很多书，并非"只是个大叔而已"。

大町市的观光卖点是"女清水""男清水"这两种好喝的饮用水，因名为"居谷里"的池子里涌出的水柔软，阿尔卑斯白泽涌出的水稍有硬度而得名。商店街内到处都能接到这两种水，还能免费带走。就连贴着特制标签的塑料瓶也可以免费领取，可谓周到至极。

我在高远的座谈会上领到的传单里，写着一则与之相关的传说，说这女清水、男清水的涌泉连接着东西两个村落。"这个传说是什么时候开始流传的呢？"我问。"那个啊，平成十九年（2007年）。"堀坚一若无其事地答道。

"这是我早期写的故事，所以记得是在那个时间段。"

——是堀先生写的吗？

"是哦。80%是根据史实，20%是我的杜撰。但留存在各地的传说、民间故事也都是这样产生的嘛。如果我写的故事足够好，说不定千年之后还会继续流传。如果写得不怎么样，几年后就会被人们忘掉了。"

堀坚一从四年多前就开始创作民间故事和传说，但他好像并不想把它们结集成册。据他说，写故事是因为听了当地居民的烦恼，想以此鼓励他们。

"且不论民间传说，'街中图书馆'确实是办对了。那是货真价实的。三年过去，眼下即使没有我，它们也能照常运转了。"

JR大町站前的商店街内，确实有瓦楞纸箱分布在各处。我问了一圈儿店里的人，大家都说毕竟不需要花钱，谁都不从中获取直接利益，所以在附近评价颇高。有的箱子里摆满了当地出身的推理作家的书，想来是有人刻意花工夫做的陈列。不过，若要问整条商店街是否都是这般为了振兴街区而团结一致，眼下看来，有积极参与的店，也有并非如此的店。

秋天，我有机会参加古书店文生书院的社长及全国古书商工会联盟理事长小沼良成的演讲。这次演讲是东京高园寺街区开展的书籍展销会等活动的一环，主办方的咖啡书屋、茶房高园寺书林的原田直子向我发出了邀请。此前我几乎没有接触过古书店行业，于是在日前参加了古书工会召开的市议会，听小沼讲了古书店经营的基本与现状相关的课程。

小沼传授的知识中，有个词叫"一手操办"。古书业的妙趣在于，要靠自己挖掘一本书或一个领域，提高其市场价格并从中获利。顺利的话，将数万日元入手的书卖到数千万日元也是可能的。一手操办指的就是，这一系列的耕耘都要自己下功夫去完成。小沼的经历、近年来古书店业界广泛议论的各种话题里，都藏着从业者的故事。当然，在业已成熟的古书市场中求生也并非易事。现如今，无论是坐拥稀有版本的藏书家，还是寻求稀有版本的人，都越来越少了。

不过，古书有着显而易见的魅力，即"继承"。

根据再贩卖价格维持制度[1]，新书的销售价格受到出版社的限制，而作为二手经营者的古书店却不同，这里的书价是流动的。根据处理书籍的方法，或店主的不同策略，一本书可能被高价收购，也可能卖得无比低贱，而书的内容并没有变化。

在古书店里，一百日元或几百日元或许就能买到柏拉图在公元前写就的《理想国》——只要它是陈旧且品相不佳的文库本。但若想买到从江户时代流传下来的《解体新书》初版，或许要花上数百万日元。一百日元的书未必都是不值一提的书，价值百万的书也未必拥有谁都想要收入囊中的魅力。内容是否有价值不一定反映在价格上，作为物品珍稀与否才是这行最为看重的。数量稀少这一特性在电子书时代具有多大的意义呢？这个问题想必在古书店业界也备受关注，但"能

---

1 再贩卖价格维持制度：简称"再贩制"。指日本出版社规定图书、杂志的定价，零售书店须按定价销售（即不能打折）的制度。该制度的目的是维持图书市场的品种多样性，制止零售商之间的低价竞争等。但随着亚马逊等网络书店的出现，该制度影响下的实体书店也受到了一定冲击。

看出年代感的书"可以在一瞥之中让人明白，它是历经漫长岁月被传承下来的。可以说，正是这一点决定着旧书的价格。

与古书角度不同，针对新书的再贩制，也由于零售价格的不可变动而让"书"的内容与价格体现的价值相分离，导致金钱购买成为某种意义上的通过仪式[1]。无论是新书还是旧书，从事与"书"相关职业的人都必须盈利才行。不过，考虑到"书"的买卖就是把原本无法靠价格体现价值的东西制作成各种形式，或为其添加各种附属价值以获取收益，那么与书打交道的方式就不仅仅只有买卖图书这一种，即使要以此为业，也可以继续发掘更多不同的方式。

小沼良成最近在忙着按年份收集《山东三州日系人电话地址录》这一史料，并计划复刊。"山东三州"是指美国落基山脉以东的三个州，这本书便是收集在那几个地区居住的日裔的联络方式整理而成。"1958年出版的那本终于被我找到了。"小沼愉快地说。这本书也是要定价、销售，将书置换为收益的，但首要的一点是，它具有记录与传承的价值——真的要让它就这样消失吗？

看过古书店的世界，再回到新书书店的空间，会发现那里的书店主、书店员所处的形势似乎越发不利了。

1　通过仪式：文化人类学中的概念，指人一生中经历各个阶段（出生、成人、结婚、死亡）时举行的仪式，各种文化中仪式各不相同。此处指这种图书购买行为因价格不体现价值，所以只作为一种仪式性的行为而存在。

淳久堂书店的福岛聪，在其著作中提出"读者就是书的资助人"（《希望的书店论》）这一定义。书不只是单纯的消费品，也是某种因资助人的支持而存在之物。也就是说，在实行市场经济的现代社会，购买图书的读者就等同于为作者提供下一次创作机会的资助人。我认为这一观点是从新书书店的立场照见的"书"的本质。作者写书获得的收入，基本来源于该书作为新书被卖出去的时候。由此看来，销售新书的书店在其中的作用尤为重要。

但如今，在新书书店现场能够切实体会到那种社会责任的书店员还有多少呢？每天有大量书籍被送到店里，又要退回大量书籍，站在消费的最前线，书店员也不得不开始优先考虑一本书眼下销路的好坏。身处书籍的洪流之中，自己却只是在不断进行"处置"，想必不少人也会产生类似的自责情绪吧。

站在新书书店的立场，不知他们是否会因为能率先接触新书而产生愉悦感呢？但比起这个，他们大概更需要充分认识自己工作的意义，在此基础上去直面"书"吧？

比如，像日暮文库的创办人原田真弓那样。

当然，事情并没有那么简单，开业半年后的原田真弓也碰壁了。

在第一章的以她为对象的采访之后，我不时会前往日暮文库，跟原田聊一些说不清是采访还是闲谈的内容。或许是因为不善于应对沉默，她总是话多得停不下来。当我提出一个问题时，她会在搜寻、组织回答的过程中逐渐偏离方向。一旦我中途再次发问，话题就会跑得更远。她的想法似乎总在接连不断地浮现，导致我们的对话进行得毫无章法。这种思考回路或许也是她的魅力所在，但在聊天过程中，另一件事也让我越发在意。

没有客人光顾。

一小时过去了，两小时过去了，有时候甚至连一个客人也没有。也许是由于我总在工作日的白天前去拜访，于是我尝试改变了拜访的日期和时间。这下能看到一两个客人了，但还是没有出现客流不断、让她无暇顾及我的状况。唯有定期举办的青空集市的日子例外。如果说书店生意的好坏受到商店街日常客流量多寡的影响，那只能说，这就是零售店的宿命。可附近的蔬果店、斜对面的肉店等，又是如何维持生计的呢？

当我进店与原田聊天时，店外摆放低价书的书架与箱子前偶尔会有人出现。原田一边跟我说话，一边等待对方把视线投过来。如果对上眼，她便微笑着朝对方点头，示意那人进店来看。但下一个瞬间，对方会立刻移开视线、转身离去。我心想，是否是由于我先进了店，才导致后来的客人不方便进来呢？

我还是不太习惯这个仅有五坪的空间，书架倒是随着来访次数增多而熟悉了。她在进货和陈列上可谓下了苦功。无论是杂货，还是从出版社直接采买的新书等，我每次去都能发现其中变化。小桌子的位置也时常变动。贴在墙壁上的作品、手写广告上的信息，也经过了反复的试错。但这些变化一眼就能看尽。身在其中的人虽然被"书"包围着，却跟在大型书店里不同，无法沉浸在自己的世界里，将注意力集中在"书"之中。

从客流状况来看，日暮文库的营业额应该也不太理想。当初听她说一天最低营业额须保持在 8000 日元才能维持经营，我还很惊讶，如今看来，低于这个标准的日子也不在少数。虽然她也会通过网络卖书，周末到其他有书展的地域摆摊等，但归根结底，日常经营的基础还是在店内。

"每天只能靠存款度日呢。"

"以后可怎么办，还能经营下去吗？想到这个就会消沉。"

在我们的对话中，类似的语言偶尔会从她口中出现。而当谈起 PARCO BOOK CENTER、LIBRO 时代的经历时，她又会充满热情，听上去像是在怀念从前工作的大型书店——距离这里很近的池袋店或是涩谷店——的热闹。

我会把自己在其他地方的见闻讲给原田听。在转述了福岛聪关于"纸书与电子书"理论的演讲内容后，她也说出了自己的理论。

"我认为，电子书的时代肯定会来临。或者说只要是文字类的东西，说不定全都会电子化。当出版社开始争相开辟电子书市场的时候，我就预感那一天距离我们不远了。"

——也就是说像小说这类书籍，基本都会电子化？

"是啊。比如村上春树先生，他的新书现在都会出两种。对只想阅读内容的人而言，电子书就够了，纸书则是面向村上春树先生的忠实粉丝，采用豪华的装帧设计，以供他们装饰自己的书架。"

目前来看，电子书一般就是指"能在电子设备上阅读的纸书"，我觉得这种东西也许在普及之前就会消失。在我看来，能以电子书形式普及的，是那种阅读者可以不断改写，或是必须不断更新的内容。而像小说那样，作为文章表达被作家固定下来的东西，不是更应该收录在具有物质稳定性的纸张里吗？

然而在谈话之中，我发现她对自身更加倚重的纸质书的前景相当悲观。但若是毫无根据地一味乐观，坚持纸质书就是会屹立不倒，用这种态度经营书店，大概也会失败吧。她像是在警告自己要保持清醒，这也促使我重新思考"纸书与电子书"的理论。确实，从莎草纸到纸张的进化，或者说从抄写本到印刷本的进化，说到底是为了提高记录、保存、携带、传达的效率。有谁能断言，将来不会出现那种只要一个按钮就能远距离传输数据的电子书呢？需要改写的数据适合电子化，固定的文章表达适合纸书，我这种观念到头来也许还是局限在一直以来的纸书的角度。如果是只读一遍的书，就没必要全部买下来堆满房间，这种生活方式的普及在理论上也是成立的。

——这种考量，也反映在你店里的书架上吗？

你都来了这么多趟了，连这点事都不清楚吗……

她或许会这么想吧。

"我是这么计划的。把必须以纸书形态呈现的物品作为主角。例如突出手感的、书的质感与作品彼此关联的等等。眼下其实没有严格实行，因为多数客人都不会在意这种变化，所以我还是会摆一些新书和文库本，包括我觉得未来会电子化的小说之类。"

确实如她所说。她在这个小空间里重点呈现的，都是纸张、材质独特的独立出版的文化志、视觉上以纸书形式更能彰显美感的写真类书籍等。

我们在书架旁一本一本地鉴定，"这个必须做成纸书""这个变成电子书也无妨"。适合纸书，这句话也包含了不同的意义。例如《生活手帖》至今仍是以纸书形式呈现更能贴合书的内容。而被原田作为旧书一直放在书架上的初期《Quick Japan》杂志等，都是在小开本的纸张上密密麻麻印刷了大量文字，这种装帧设计也与书的内容密不可分。在我看来，在店里摆放独立设计师做的明信片和便笺、从零售业者那里采购的沐浴粉等杂货，会削弱这家店作为"书店"的气场，因此多少有些不满，但这似乎也是她采取的一种方针。

"要是问我这种分类方法合不合适，我觉得好像还是差了点什么，但目前还没找到能进一步改进的地方。"

话说回来，仅靠这些仍然无法应对原田真弓面前的巨大障碍。

最重要的是来客太少了。很明显，开店已过半年的日暮文库至今尚未乘上时代的浪潮。

组织"街中图书馆"活动的堀坚一、文生书院的小沼良成、日暮文库的原田真弓。虽然我尚未找到一个确切的答案，但正是与他们的邂逅让我开始觉得，伊藤清彦回归书店现场未必一定要在新书书店。

在这期间，我也听过书店倒闭的传闻。见过一位突然接到关店通知，同时被公司解雇的书店店长。他从二十几岁开始就在那里工作，至今已有近 30 年，没有过什么大的过失，却遭遇了这样的结果。在每年都有 1000 多家书店倒闭的时代，无法让店铺生存下来，或许也是由于店长缺乏卓越的能力。因为持续赤字，社长也不得不做出这样的决断。"事到如今，不知为何对公司也恨不起来。"说这话时，那位店长的表情更像是解脱。

另外，像伊藤那样擅于发掘冷门作品并使其畅销的书店员的努力，很快就能通过 POS 数据被发行商和出版社捕捉，进而被推广到全国各地，这也开始成为一种销售手段。虽然这对负责发行、销售的一方是必要的，但书店员真的有必要回到这种任由系统利用的地方吗？

迄今为止，人们提到伊藤，总是说起他"那本书卖了几千本""高峰时期一个月能卖多少多少"之类的逸事，大都是其他书店员难以企及的"册数"与"金额"。

如今的他却没有能供大家参考的数值了。但也许正是在这个无法用数字体现实力的他身上，才藏着书店未来的模样呢？

他自身也开始展示出一个不同于"书店员伊藤清彦"的姿态。

一次偶然机会，我得知伊藤清彦有个人的推特账号。

2010 年 8 月，一本名为《浑身是伤的店长》（伊达雅彦著）的书出版了。这是一位书店店长记录他充满纠结、苦恼、郁闷、委屈和点滴喜悦的日常以及最终离开书店现场的书。我是这个连载项目的策划与编辑，也参与了单行本的制作出版。本书出版后收到了两种评价，一种出于善意，认为它是书店员的心声；一种意在批判，说它不过是满纸的抱怨。

作为参与制作的一方，我很在意读者的反馈，所以那段时间常常在网上搜索本书的读后感。不止推特，我几乎不参加网上任何的组织，所以哪怕知道有很多书店员之间是通过推特在保持联络，也很少去看。推特内容虽然是公开的，但若自己不参与其中，只是去窥视别人的，我总感觉难为情。而在搜寻《浑身是伤的店长》的评论的过程中，我挣脱了束缚，重新认识到无论相识与否，大家都能在网络上跨越公司、居住地的阻隔，自由自在地交流。

在这期间，我意外碰上了伊藤清彦的账号。

刚发现他时，他的账号还很新，被关注数也很少，但我却对他发布的内容深感兴趣。因为他虽然采取了私人记录的方式，却带有明确的目的性在表达观点。内容多是当天所读之书的介绍。虽然很少出现知名作者或作品，但也不是只有资深读书人才会翻开的书。每条状态都是两三句简短的介绍，其中必定有具体的评价。就像他担任书店员时期的选书，介绍文字也让人想起泽屋书店里的手写广告。

更新速度大约是一天一本。既有新购入的图书，也有重读或是买后闲置到现在才看的。此外，他买书好像都是在住处附近的小书店订购，耗费数天至一星期，有时甚至更久才能到手。显然，就算等待时间漫长，他也不愿意使用亚马逊等网购平台。无论是在推特的状态里，还是在他亲笔写的书信中，都有一种自成一派的规则感，这种表达方式相当有魄力。

"这是在为将来某一天回归书店现场做准备吗？"

我这样问的时候，他笑着答：“也可以这么理解。”

虽然是经我诱导得出的结论，但我又禁不住在内心否定他的回答。虽然我也期待他能一点点增加被关注数、与素未谋面的年轻书店员交流经验，但又觉得，如果伊藤清彦的账号就这样顺利融入推特的形式里，可就太没意思了。

另外，我还听说他因为当地图书馆的藏书品类太差而多番询问，最后被邀请参加图书馆藏书的相关讨论。还有人计划复刻关于岩手县的一系列绝版书，想请他帮忙考虑如何陈列。即使不在新书书店，伊藤清彦也有办法活用他至今为止积累的经验。

尤其伊藤清彦之前是以“擅长推动大量销售”而闻名的，他从卖书现场到借书现场的转移，也让人备感新鲜。

然而，关于复刻岩手县相关绝版书系列一事，因为他与该计划的主要推动者在基本陈列方式上的意见不一致，很快就被移出该项目。

图书馆方面,据说一关市计划在平成二十六年（2014 年）建设一座统领市内七座图书馆、具备中央图书馆功能的新设施，伊藤作为委员参加了立案会议。但据他说，这个计划目前因遭到建设场地附近一些市民的反对而进展缓慢，筹备委员会内部似乎也有人借此牟利，此外行政机构的想法也深不可测。

话虽如此，他也因为经常出入图书馆，而有了更多机会考虑是否要在那里工作。

"盛冈也一样，很久以前我就已经心生不满了，觉得图书馆怎么都布置得这么无趣呢？童书、少儿类书籍因为是基本藏书，倒是很容易备齐。读绘本活动也时常有。这没什么不好，但市内没有一家针对中学生以上读者，尤其是成年人的图书馆。图书馆的人根本没考虑过如何把书介绍给当地居民，让他们参与、享受其中。或者说，员工根本没想过怎样才能最大限度地发挥图书的魅力。说起来，图书馆里就算有小说区域，也是缺这少那，品种太少了。"

——缺这少那的标准，基本是跟书店一致的吗？但想让人买的书，和想让人借的书应该有区别吧？

"多少有些区别。书店是靠销售额和利润决定进货量，图书馆却不同，是有财政预算的。但该陈列什么书，道理应该是相似的。如果想让大家享受阅读，就该陈列某个领域内最低限度的品种，然后在旁边摆放其他相关品种。然而图书馆方面过度依赖TRC（图书馆流通中心，指以图书馆为对象的出版发行商）为其设定的套路，完全没有选书的自主性。"

——就跟依据发行商要求来进货的新书书店一样？

"没错。还有，把借出的册数跟图书评价挂钩也不太好。

就拿日本小说这个类型来说，无论哪个图书馆都有内田康夫的大量作品，但没有一个人去挖掘那些只出版了三四本书的作家，说服图书馆购买他们的作品。目前全市只有一家图书馆在积极举办选书相关的学习会。其他图书馆虽然也会在某个时期让我帮忙改善书架陈列，可一旦到了'要采用这种分类方法才会引起读者的兴趣'的具体环节，他们就会拒绝我的建议，说图书馆管理员是按照 TRC 分配的号码顺序进行图书管理的，改动太大会破坏整个管理系统，不利于寻找。所以我后来也不怎么去图书馆了。如果日常与图书打交道的人都不懂书，也不想去弄懂，那确实没什么意义。"

——理想的情况是，好的图书馆就是一家书店？

"图书馆和书店的分别在于……图书馆是个 0 或 1 的世界。大多数图书的在馆状态都是 0 本或 1 本。而书店这边，能卖的书会进几十本。具体方法要实际操作的时候才能决定，但这部分的差异已经很明显了。"

——所以就是说，关于书架陈列，图书馆没有任何值得学习的地方？

"一关市几乎没有，但最近计划开学习会的一家图书馆倒是挺不错的。究其原因，似乎因为前任馆长是个厉害人物，但他已经被福岛县南相马市的图书馆挖走了。我去南相马那边参观过，简直可以说是图书馆里的异类。与其说那是个厉害的图书馆，不如说是家厉害的书店！书店员们才应该去那里看看。关于店铺设计、书架陈列的灵感俯拾皆是。传统的图书馆都是按部就班，十分无趣，但如果是南相马那样的图书馆，我倒是很想去工作。"

不过，属于我的时代已经结束了——访谈期间，他多次说出跟本章开头相似的话，聊完这家图书馆之后也一样。他回顾了在泽屋书店总店的事，说当时"应该把自己一手布置起来的书店破坏掉的，但最终还是没能做到那一步"。在推特上，他的自我介绍是"已过保质期的前书店员"。

"我也算是在最后的好时代里当过书店员了，那是个有付出便可收获相应成果的时代。"

他如此说道。

我却感到有些焦虑，我可不是为了听这些话而来的啊。

"那时候真好——"我从上了年纪的人口中数次听到类似的话。可他们是否知道，这是一种对自己的无情贬低呢。"那时候真好"，也就是说自己在"曾经的好时候"里所做的事没有被继承下来。这不就意味着，承认自己所做的事没有被继承的价值吗？

如果自己所做的事真的必要，就一定会被继承延续。听做着没必要被继承之事的人吐露内心，不过是出于纯粹的好奇。事实上，没有一个人是毫无可继承之处的，所以上了年纪的人不该说这种话。

但他在说完"结束了"之后，又小声嘟囔了一句："唔，我也搞不明白了。"或许连他自己也没完全弄清楚自己话里的含义。

　　每当他说出这种话，我脑中便会浮现出一个书店员的身姿，也许伊藤也一样吧，那个人就是田口干人。他是在伊藤清彦离开泽屋书店前不久入社的，仿佛是为了顶替伊藤而来。伊藤很久以前就曾提起过田口的名字，每每说完与他有关的事都会补上一句：

　　"如果他愿意来泽屋，我当天就把店长的位子让给他。"

第五章　化作星星的男人

前书店员　伊藤清彦的"此后"

在一关市做完伊藤清彦的采访之后，我又去了盛冈。

JR 盛冈站站内的泽屋书店 FES"AN[1] 分店近期正在主推《安政五年的大逃亡》(五十岚贵久著, 幻冬舍文库, 2005 年) 这一历史小说。做出这个决定的, 是这家店的次长[2]田口干人。他在推特上以泽屋书店 FES"AN 分店的名义发表了介绍这本小说魅力的推文, 并希望它能有好的销量。很快便有其他书店接二连三地表示"有意思, 我们也来卖卖看"。

泽屋书店 FES"AN 分店店内的中央收银台附近, 有一个摆满本店主推文库本的大平台, 平台最前列有很多在其他书店并不显眼的书籍堆在一起, 旁边还摆着五颜六色的相关手写广告。店内空间被明确地一分为二：一种是装饰过度的宣传区, 另一种是一张手写广告也没有的沉静空间。陈列文库本的平台则是配合客流速度快的车站内环境, 旨在酝酿出热闹气氛的主阵地。这家店与别的站内书店最大的不同果然还是陈列。全国范围内的畅销文库类、著名作家的最新出版物等大都被放在第三列以后, 前面则被"泽屋自选"这一选书区占据。

1　FES"AN：盛冈市盛冈站所在的车站大楼之名, 泽屋书店设在该处的分店以此命名。

2　次长：部门负责人的代理人或仅次于部门负责人的人。这里应该类似于副店长。

《安政五年的大逃亡》堆放在这一区域的中间。

手写广告的文案引人注目。

　　救命啊！最近几年里最优秀的娱乐性历史小说遭遇断货危机！这么有趣的作品如果幻冬舍不加印了，我们就不卖幻冬舍文库了。

田口干人从仓库里抱出另一摞《安政五年的大逃亡》，笑着告诉我："幻冬舍那边好像终于开始讨论是否加印的问题了。但他们说想知道我用了什么样的手写广告才促进了销量增长，于是我用数码相机拍了照片发过去，之后就再没收到他们的联络了。"

或许对方是想把他的手写广告大量复印后分给全国各地的书店吧。但若是上面写着"不卖幻冬舍文库"，确实不好办。

这一时期，出版已有五年半却仍未售完首印的文库本《安政五年的大逃亡》突然销量大涨，不只意味着长年未见阳光的作品出现在了大众面前，其中还有更深层的意义。

对书店方而言，幻冬舍是个比较棘手的出版社。因为他们牢牢控制着什么时期要集中销售什么书的权力。换句话说，即使书店方提出想要卖某本书，但如果不符合幻冬舍的方针，就无法进到自己想要的货量。虽然大型出版社都有类似的特点，但在小说领域丝毫不输顶级出版社的幻冬舍因为拥有众多名作及知名作家版权，这一特点显得尤为突出。

对这种现象，我无法全然否定。因为在流通、销售领域，掌握主动权对书籍出版方很重要，至少幻冬舍的态度明确。反过来，也有出版社采取与书店搞好关系的策略，寄希望于自家的书入选"书店发掘的畅销书"榜单。只能说，不同的出版社有不同的方针。

只有少数书店能大体按自己希望的数量进购幻冬舍的图书，泽屋书店不在其中。不仅如此，他们未必想卖的书也时常会因幻冬舍的销售方针而源源不断地送来。不过，每一本书都可能会因为负责它的书店员的努力，在将来某天展现出新的魅力。田口干人通过推特影响了全国各地的书店，促使幻冬舍加印《安政五年的大逃亡》。该行为是一种抗争，不仅仅向出版社、发行商主导的书籍流通系统报了一箭之仇，也是在针对这种现状，从书店现场提出改善方案。

伊藤清彦对他的大显身手感到欣慰，说："那家伙选的书跟其他书店员选的书不同，即使两者都选了同一本书，也是有区别的。"

就像伊藤清彦曾在手写广告上大量使用"第一"等词汇下判定那样，田口干人也断定《安政五年的大逃亡》是"最近几年里最优秀的娱乐性历史小说"。两人共同的特点是，为了卖书不惜使用夸张的形容，要说出"最优秀"这个词，必须把"最近几年里"出版的历史小说一本不漏地全部读完，这大概是不可能的。但如果没有达到历史小说这一分类下接近总数的阅读量，也写不出这种文案。

很多书店员的推荐语最多只会写到"这本书很好""很有趣"的程度，可谓是一种态度诚实的表现。二者间的差距在于是否拥有足够的自信，因此导致的结果也有极大差异。

"即使只拿小说来讲，多数店员的阅读量最多在1000本到2000本之间，差一些的几百本，更差的还要少。田口却是以数以万计的读书经验为基础，看中了《安政五年的大逃亡》。如果只看网络上的言论，田口是跟其他书店员异口同声地说出了'这是本好书'，呼吁'大家都来卖吧'，但他们话里的意义却截然不同。阅读量的差距，即使只通过网上写的东西也能分辨得出。田口的阅读量很突出，但也不能断言这样的人只有他一个。我也认识比我年轻很多，阅读经验却相当丰富的书店员。"

据说田口在成为历史小说区域的负责人前后，又新读了约600本历史小说。"如果无法确定该领域重要作家的代表作，就没办法设计书架的陈列，也无法在历史小说的整体发展脉络中找到那位作家的位置。寻找代表作时，过去卖得最好，或是得过什么奖这种信息没法作为参考。唯有自己在阅读过程中找到某位作家的精髓，才能做出好的陈列。跳着读，或是速读都没用，只能认真地通读。我已经习惯了，所以阅读速度会比一般人快，但也很花时间。"

——这 600 本是以什么节奏来读的呢？

"最集中的时期，每个月差不多能读 90 本。上晚班的日子，我会在凌晨三点半起床，到上班前可以读完三本。基本就是这样持续下去。当然，这一时期，其他类型的书我几乎没读过。这跟卖鱼的人必须能说清各种鱼的味道以及如何烹饪是类似的道理。通过推特与其他书店员们交流非常有趣，从中我也能获得一些参考信息。不过遇到询问怎么才能保证阅读时间的人，会让我有些在意。如果一味注重信息交换而占用了读书时间，那不是本末倒置吗？"

新读 600 本，每月 90 本，他很担心这些数字会四处流传。我也对以"数量"衡量阅读一事心怀疑虑。不过这里的记录仅仅是想表达，装饰店面的手写广告背后还有店员如此深厚的底蕴。

田口干人出生于 1973 年，岩手县西和贺町人。那是一个距离秋田县较近，降雪量在东北地区名列前茅的地方。他的老家在一条名为"汤本温泉"的温泉街上，从祖父那代开始经营一家叫作"鞠屋"的书店。田口在东北学院大学读到第二年便退学了。打了一段时间零工，于 1995 年进入盛冈市的"第一书店"。这家书店是他为了将来继承家业而做准备，学习书店基础知识的修行之地。

如今已经消失的第一书店，当时就开在泽屋书店总店的斜对面。虽然田口与1954年出生的伊藤之间相差19岁，但两人相识后十分投缘。伊藤每次到盛冈出差，比起自己店里的年轻人，更偏好叫田口一起参加出版社营业人员的饭局。

二人相熟的契机果然还是书。据田口回忆，在一次盛冈当地书店及出版界相关人士聚集的酒席间，他不知为何说起了武田泰淳的《富士》。紧接着，伊藤倾身过来，说："我干这行这么久了，还是第一次听人提起《富士》。"两人很快抛下在座其他人，聊得起兴，也意识到对方有着丰富的阅读量。

伊藤的读书体验在他的《盛冈泽屋书店奋战记》中有所提及，此处略去不谈；田口也曾有过一段耽溺于读书的时期，还曾按五十音顺序一本接一本地读过中公文库[1]。这段时间，主要就是指他从大学退学后、独自生活在仙台市公寓里的两年多。当时他靠打工赚取最低限度的生活费，书多是从图书馆借阅，或是在古书店购买。在此期间，他也决定要继承老家的书店。

而《盛冈泽屋书店奋战记》中，几乎有与田口耽于读书时期一模一样的情节。伊藤清彦也是在大学中途退学，过了几

1　中公文库：中央公论新社出版的系列文库本，体量庞大。

年放弃一切、只读书的日子。两人都是在此后进入书店现场工作的。

"在泽屋书店工作的日子里，我感觉最充实的是最初四年。换言之，充实感四年就结束了。"

伊藤如此说道。

1991年，他为了让工作地离老家近一点，从东京的山下书店跳槽到了盛冈的泽屋书店。1992年成为店长。1994年，泽屋书店又在总店旁边开了一家童书专卖店MOMO。

"我刚进入泽屋的时候，出版社的营业人员都不怎么来店里。虽然我在东京工作时积累了一些人脉，但当时觉得最紧要的还是从头开始把这家店做起来。于是就整日整日地在卖场内与书打交道，钻研如何才能吸引客人进店。那大概是我作为书店人最纯粹的时期吧。"

伊藤此前在山下书店工作了九年，在两间店铺当过店长或副店长，这些经验也都开花结果，让他在泽屋的"最初四年"让书店的营业额翻了一倍。泽屋书店逐渐成为出版社和发行商都无法忽略的存在。出版方的营业负责人来得越来越勤快，当地报纸、业内报纸等媒体的采访量也增加了。从前那种在卖场从早待到晚、与书为邻的日子也开始离他远去。

2000年前后，伊藤清彦的名字开始在业内广为人知，但据他说，在这个时期，他已经有了不好的预感。

"虽然营业额翻了一倍，但下一个四年却没法再翻一倍，增幅变得缓慢，很快就从巅峰开始向下滑。我总在想，接下来的形势会越来越严峻吧。也是那个时候，《大店立地法》[1]等法律出台，资本雄厚的公司在郊外开店也更加容易了。我年复一年地意识到盛冈的产业结构正在变得越发零散，仅靠个人力量设计书架陈列是无法与之抗衡的。"

《大店立地法》与另外两项法律——《改善都市计划法》《激活中心市街地法》（其中《大店立地法》于 2000 年、另两项法律于 1998 年施行）是配套推出的，它们统称为"都市建设三法"，都有诸多遗留问题。虽然初衷是为了防止小规模零售业的撤退与中心市街地区的空洞化，才对大型店铺的开店设置了各种条件，但实际上，只要大型店铺遵守那些规则，就能更加自由地开设新店。说起来，管制大规模店铺开设新店的《大店法》本就是在被视为违反 WTO（世界贸易组织）标准的外部压力下开始实行的，想来目的并非抑制新店的开店。

不过，对大型零售店持彻底否定态度的伊藤，总让我觉

---

1 《大店立地法》：全称为《大规模零售店铺立地法》，20 世纪 60 年代后半期，日本各地以大型超市为中心的店铺激增，为与之对抗，当地商店街发起的进军大型商业设施反对运动也越发激烈。《大店立地法》便是在这样的背景下推出的。主要是为了保证零售业的健全发展，以此促进国民经济、地域社会的发展，提高国民生活的水平。

得有点不对劲。泽屋书店总店的卖场面积虽然只有 120 坪左右，但一段时期内还在旁边的建筑里同时开设了童书专卖店，这样的书店难道不算是"大型"吗？总店所在的大道的商店街，自昭和四十年代开始就成为盛冈市的商业中枢，据说最大的原因是核心店铺大荣（DAIEI）对顾客的号召力。这家大荣的倒闭，与盛冈郊外的 AEON 建成几乎是同一时期。[1] 淳久堂的盛冈分店，便是在大荣倒闭后由当地土地所有者翻新建筑，招商而来的。

从盛冈的角度看，大荣促进了商店街的繁荣，AEON 却把市民都带去了郊外。但在那个时代，大荣的业绩也是大型企业根据法律，或者该说利用法律达到的结果。

在我看来，只要市场经济仍在持续，就免不了会有盛衰荣枯乃至因果报应。而伊藤所谓的"我经历的好时代"仅仅是在缅怀往昔而已。

对我的这种看法，伊藤只是说"大概是吧"，表情却并不像被戳中了痛处。他似乎想说，并不是这样的。

我也拿不准，这是"因果报应"四个字就能概括的主题吗？

伊藤回忆过往时所说的"最充实的四年"，正是在盛冈

---

1 大荣原本是日本全国连锁的大企业，但在泡沫经济破灭后的 20 世纪 90 年代，由于经营不善而被 AEON 购买股份，并于 2015 年 1 月 1 日完全成为 AEON 的子公司，进入 AEON 集团。

市的环境变化真正对他产生影响的前夕。那时泽屋书店尚未引起太多人关注，伊藤正致力于增加书店的客流量。

一方面，22岁的田口干人进入第一书店的时间，正是伊藤所谓的"最初四年"即将结束的1995年。田口此前把所有精力都耗费在了读书上。

我曾想象过，田口与伊藤坐在一起时，或许会散发出一种刚返回红尘的修行僧之感，伊藤大概也从他身上看到了从前的自己。跳槽过来便被任命为店长，四年内让营业额翻倍的伊藤，正在为业绩可能无法持续而感到不安，就在这个当口，他认识了田口。田口在第一书店工作的四年半里，据说两人会定期见面，竞赛似的把书堆在桌上，讨论对它们的理解和销售方式。此外，对后来成为他们竞争对手的淳久堂书店来说，1995年也是个巨大的转折点。这一年发生了阪神大地震，总部位于神户的淳久堂书店蒙受了巨大损失。在此之后，淳久堂调整了在兵库县的连锁业务规模，开始在全国范围内扩张。

2000年，田口干人回到老家继承家业，等待他的却不是过去繁荣的温泉街，而是家乡观光客锐减、人口稀疏化不断加剧的现状。田口在这个时期与当地青年们一起开展了各项事业，试图振兴本地经济。例如，将书籍的订购业务与针对老人家庭的饮食配送服务绑定起来，定期举办现代化的寺子屋[1]学习会并借此推动书籍销售等。他们还走访了本地所有的小学、中学，向大家宣传"书"的不可或缺，为奠定鞠屋书店的重要地位打下基础。然而，仅仅卖力推销书也有行不通的时候，因此，他又耗尽脑力和体力，试图振兴整个城镇的经济。然而，经营状况却没有改善。田口家决定清算家业，关闭鞠屋书店。伊藤也在盛冈挂念着吃尽苦头的田口，似乎还悄悄支援过他。

2007 年 5 月，鞠屋书店关张后，伊藤立刻将田口带进了泽屋书店，田口也拖家带口地迁居到盛冈，开始了新的生活。田口曾表示过，想在将来跟伊藤店长一起开家书店，里面放满他们都认可的书籍。可是，入社后的田口被分配到盛冈车站大楼内的 FES"AN 分店，翌年，伊藤清彦便离开了泽屋书店。

虽然两人间有着强烈的羁绊，但在田口离开工作了四年半的第一书店后，他们并没有再频繁地见面或联系。

"我不喜欢为了抱怨而倾诉。只有在遇到除伊藤店长外再无人能商量的事时，我才会联系他，跟他见面。伊藤店长也很明白我的心思。无论我们之间谁主动联络对方，都一定是有要紧的事。"

1　寺子屋：江户时代为平民子女开设的民间初等教育机构。以武士、僧侣、医生等为师，教授读写、珠算等。

田口回忆说，只有在特别苦闷的时候，伊藤店长才会给他打电话。

我从 JR 盛冈站内的 FES"AN 分店出发，前往大道的商店街的泽屋书店总店。步行距离约 10 分钟。进店后走向中央的收银台，正好跟在那里给票据分类的店长代理松本大介对上视线。

1977 年出生的松本大介在"伊藤清彦的弟子"这一身份上比田口的纯度更高。他毕业后就进了泽屋书店，从一开始就在伊藤清彦担任店长的总店工作。伊藤离开之后，他被任命为总店的现场运营。据说直接接受过伊藤指导的社员中，他是唯一一个还留在泽屋的人。

松本也曾成功策划过"书店发掘的畅销书"，让 1986 年出版的外山滋比古所著的《思考的整理学》（筑摩文库）再次流行。他站在当代年轻人的立场，将这本书带给他的感动写进手写广告里，以此推动了该书的销量；出版方筑摩书房也乘此机会做了一波促销，例如把他的宣传语印在促销品上等等。此外，该书在东京大学、京都大学的学生协会也很受欢迎。虽然让它成为百万畅销作品的重要原因不止一个，但一开始点燃火苗的无疑是松本大介。

伊藤清彦、田口干人、松本大介都致力于"书店发掘的畅销书"，对于此事，我思绪万千。

正因为他们拥有底蕴和感性，能在其他书店员忽略的书籍里发掘无限可能，才做出了成绩。可如今，一旦他们发掘的书在全国范围内被知晓，那本书就会立刻出现在其他各家书店中。原本发掘是为了证明"书"的多样性，但这样一来反倒否定了这种多样性。因为这类矛盾的存在，书店发掘畅销书的例子大概会在不久的将来消失吧。我认为这无可厚非。

但另一方面，我又很想为他们摇旗呐喊。大量购入"眼下卖不出去"的书，对书店方而言有很大的风险。如果卖不掉，就只能对着那些书的库存大伤脑筋。即使如此也要卖，这种盛冈特有的无声的固执在他们身上都有所体现。

自伊藤离职后，我是第二次到泽屋书店总店来。我一边漫步店内，一边生出了违和感。并非因为店内风景较之从前变化太大，正相反，这里残留了太多伊藤清彦的痕迹。

用断定语气写就的手写广告在 FES"AN 分店和这里都能看到。想来大多数是松本写的吧，他的字体整洁、温和而圆润。

事实上，伊藤清彦的手写字并不太适合手写广告这种宣传形式。他习惯性的笔尾上翘给人一种强硬之感，但也正是如此，才让"首推"等信息更有说服力。强硬的笔触毋宁说更能有效获取中老年客户层的信任。反过来，松本的字给人感觉很适合手写广告，真诚而温和，易读也易懂。

我依次浏览着各种手写广告及书架上的书，这里的陈列确实有着能俘获大量爱书常客的谨慎和殷勤，如果自家附近有这么一家书店，会让人很有底气。但我又总觉得还差点儿什么。一些选书和文案让人想起伊藤清彦，另一些又是松本自己与其他店员的手笔，各种东西混杂在一起，给人的整体印象暧昧不清，没有特色。

我不由在店内最靠里的外国小说区域停下了脚步。

> 如果想领略奇妙之感，就读一读《厨师》吧。这是一本非常非常神奇的书。

以笔尾上翘的强硬字体写就的手写广告还跟从前一样立在平放码堆[1]的《厨师》(*The Cook*，Harry Kressing 著，早川文库)上。

当初，伊藤离职的消息在社内公开得很突然，他本人似乎也没跟大家多做解释就离开了。松本和田口在此之前也没有向公司或伊藤本人正面打听过他离职的原因。当然，比起我这种外人，他们应该更加了解实情，但都没有实际去确认过。不确认的理由或许就在这里吧。松本想表达的或许是"伊

1　平放码堆：一种书籍陈列方法。为了吸引客人注意而将书的封面朝上进行堆积。多用于新书和杂志。

藤清彦的职业生涯还没结束"。他对现实的反抗，在这里也有所体现。

不过，松本的职责还是要以他自己的方式面对顾客。如果一直追随伊藤的影子奔跑，想必无法充分发挥他的特长。松本继承伊藤事业的方式，就是像这样一直保留着伊藤写的手写广告吗？

此外，我还留意到了另一张手写广告。

　　请了解　如今的世界……

大字书写的开头下面，是稍小一些的字。

　　读后产生的情感或许能改变即将到来的世界
　　重要的是　停下脚步思考

"或许"，这种语气较弱的不确定似乎反而更能撼动读者。伊藤和田口如果写出"或许"，是不会让人产生任何实感的。他们如果这样写，应该也是带有某种意图的表达。而松本写的"或许"之后还有"重要的是　停下脚步思考"，字里行间浮现的，诚然就是手拿这本书，停下脚步，想要将其传递给某位客人的松本自己的模样。

晚上，我跟下班后的田口、松本聊了聊。

松本正在为某件事而烦恼。这事要从他们的竞争对手淳久堂书店的扩张开始说起。

松本说，他当初哪怕知道了淳久堂要在距离自家店铺步行一分钟的地方开店，内心也并未产生动摇，因为他对伊藤清彦主导的职场充满信心。

然而，伊藤却在店员们面前表现出了不安，说"我们状况不妙了""会被干掉吧"。松本正是因为伊藤的话而产生了担忧。两周之后，伊藤提出了应对方案。淳久堂很快就开张了，虽然他们鼓足干劲继续努力，但还是被对方抢走了不少营业额。

接着，伊藤离开了公司。接替伊藤管理店铺的松本从公司那边收到的指示是："往后只要作为一家普通书店来经营就行。"

普通是什么，对发行商和出版社言听计从的书店吗？那我至今为止所做的都有什么意义？

我一直在思考这些问题。

确实，伊藤店长失败了。

说法可以有很多种。我也心情复杂，但他确实是失败了。

这对我而言也是一种打击。

我的师傅是伊藤清彦。今后也一直是。

我一直在思考，该怎么把店铺做下去。

不知田口干人有没有把松本所说的"普通"二字听进去，他用一种超然的态度说："书店员各有各的奇怪之处。有人观察角度奇特，有人无法坦诚相待。如何将这些人的个性联系起来，是我认为接下来该着重思考的一件事。"

田口在推特上也表达过这种想法。

《浑身是伤的店长》出版之后，与作者身处同一行业的书店员们在网上发表了各种评论。东京都立川市 ORION 书房的白川浩介也在个人账号上发表了对本书的感想。至 2011 年已担任过八次"书店大赏"执行委员会中心成员的白川和伊藤一样，也是个围绕书店现状持续发表观点的人。伊藤过去也曾留意过白川，说自己没有断言年轻一代的书店员中只有田口能力突出，就是因为有白川浩介这样的人存在。

白川对《浑身是伤的店长》的评论是，作者虽然无罪，但读者若是因这本书而对书店员心生怜悯，就让人无法忍耐了。泽屋 FES"AN 分店的账号立刻予以回应，账号运营者田口对白川的观点表示认同："你说的这点很重要。"

将一个个拥有不同个性的书店员联系起来，能产生些什么呢？如果一个充满热情又有能力的书店员在自身无法控制的情况下遭遇店铺关门或被解雇，他或许可以利用人际网获得一份新的工作。又或者是当传统的书店运营手法难以为继时，仍想继续将"书"送到读者手上的他们，或许可以活用这个人际网，从中得出新的解决方案。

眼下，一切都处于松本所写的"或许"状态，但确实还有许多人在不同的地方悄悄梦想着理想的未来。

松本在手写广告上写着"或许"的书，是出版于 2000 年的《如果没有经济成长，我们的生活就不能变得丰饶吗》（C.Douglas Lummis 著，平凡社）的同社出品的馆藏版（2004 年）。作者是美国的政治学家，曾驻留冲绳做海军，并以此为契机继续留在了日本。标题里的"经济"虽是作为象征意义而使用的，但正文里也提到了"宪法九条"的维持与环境问题相关的主张。作者在书中指出了"发展"一词是如何在生活中生根，它与一味追求经济持续增长的思想又是如何充满了矛盾。

其一是，如果大家都追求经济发展，地球就会崩溃。（《如果没有经济成长，我们的生活就不能变得丰饶吗》第 117 页）

作者指出，丰饶并不仅仅是指持续增长的经济，这种追求经济发展的信仰在社会中根植的时间并不长久，且带有相当明确的目的性。

松本为什么要将这本以"经济"为题，却把重点放在环境问题上的书，摆在卖场的显眼位置，视为重点书持续推广呢？

我想起了挺久以前在泽屋书店购买的《素食主义者宫泽贤治》（鹤田静著，晶文社，1999年）。作者自己也是位素食主义者，且以素食为主题写过不少文章，对她而言，宫泽贤治是"日本的素食主义者代表"（第14页）。在这本书中，她从素食主义的观点分析了宫泽贤治的作品和生平。虽然素食主义者未必都是如此，宫泽贤治的素食主义却正是他的思想与生存方式，是他对故乡岩手县做出的一种结论。宫泽贤治抛出的信息，就这样成了读者就环境问题展开考察的线索。

再进一步回想，至今为止我在泽屋书店买过的关于乡土问题的书，大都直接或间接与环境问题有关。我最初以为松本大介只是在表面上继承了伊藤清彦时代的店内陈列方式，这令我从中感觉到一种违和。现在看来，他确实也继承了伊藤更深层的某些特征，而这些都出人意料地反应在我的购书目录中。

> 以土为生的人。
>
> 在东北的各个地方，都有这样的人。
>
> 伊藤清彦，是在书店实践这一理念的男人。
>
> 虽然全国各地都有值得尊敬的书店人，但对我们来

说，他是不一样的。

　　他是个器量宏大，难以揣测的人。

　　田口突然说出了这些话。以土为生，是他自己创造的短语。

　　我至今为止在泽屋书店和田口家的鞠屋书店买过的书里，也有几本是讲述东北人如何以"土地""农业"维持生活的。

　　再引述一则《素食主义者宫泽贤治》里的事。书中提到，宫泽贤治就读于盛冈高等农林学校的时期，他的朋友保坂嘉内曾参考托尔斯泰的农地改革论、德富芦花的随笔集《蚯蚓的呓语》，构思出自己的农地改革论。作者认为，贤治大概也受到了他的影响。在学生时代的校园演出中，由保坂创作、贤治出演的戏剧里出现了芦花在《蚯蚓的呓语》中所说的"土地的怪物"一词。其中包含的思想是：人类不过是土地的一部分，是土地的化身，最后也会回归土地。

　　另外，说出"以土为生"的田口带来的书中，有一本《无言的农民》（大牟罗良著，岩波新书，1958 年出版，2011年再版）。作者以行商者或者说《岩手的保健》的编辑的身份，搜集了住在岩手山村里的人们的"生活之声"（第 119 页），并将其记录下来。书中描绘的，正是岩手县农民们如同"土地的怪物"般的姿态。那绝非什么优美之姿，大多是受制于自然的威力、提防着邻居的窥视、时常感到压抑的人们的模样。

这些书所展示的"土地"。

田口口中以这样的"土地"为生的人们所创造的岩手的历史。

试图通过书店来传达这些的伊藤清彦。

我打心里能够理解。当田口说出"以土为生"时，我脑中浮现出伊藤怀抱书本、双脚站立在岩手坚实大地上的模样。这与我初次拜访泽屋书店时感受到的当地特色、泽屋书店象征着岩手文化等记忆也有所关联。

市场经济下的因果报应。我想，这句话果然还是无法概括情况的复杂。

回到一关市后，我还是对一件事充满了好奇。曾经以出类拔萃的销售能力著称的伊藤清彦，接下来会如何把"书"传递给人们呢？

当我这样问他时，他说"很难啊"，接着沉默片刻，很快又说了接下来的话。

"一本书因为自己的努力而变得畅销，那种快感只要体验过一次，就很难忘怀。不过……硬要说的话，我在泽屋书店工作时期，参加过当地一个周播的广播节目，在那里介绍各种书籍，这对我而言是很重要的经验。在那之前，我只是致力于让顾客购买店里的书籍，而在广播里介绍却完全不同，介绍的书也会渐渐形成一个规模。这个节目改变了我，让我意识到卖书不是全部，让大家知道它们的存在更为重要。"

——眼下，你的读书方式跟书店员时代有什么不同吗？

"渐渐回到了成为书店员以前的状态。书店员时期，我时常视书为商品。即使是出于兴趣开始读一本书，阅读过程中也会不自觉开始构思，要把它摆在店里哪个位置、哪本书旁边、出版方是那家所以进货方式是这样。还有装帧、价格、手写广告上要写什么内容……养成了诸如此类的习惯，但这样一来，读书也就不再纯粹了。如今没有那个必要了，我也慢慢找回了从前沉溺于各类书且无须向人推荐的感觉。但有时候又怀疑这样真的好吗？心情比较复杂。"

——每天的生活都以家务为中心，不会觉得腻烦吗？

"啊，这个完全不会。没有这种想法。我喜欢考虑自己眼下能做的事情，挖掘所处环境的潜力。在书店工作时也一样，如今虽然只是负责每天的晚餐，但如何利用余下的材料、我家地里的当季食材或是肉和鱼做出美味的料理，也是需要集中精力去考虑的。我意识到自己喜欢做这些，是在 20 多岁，进入书店工作以前。"

《盛冈泽屋书店奋战记》的后记里也记录了这件事。当时，伊藤所住的公寓里集结了各种致力于创作的伙伴，有沉迷于画漫画的，也有埋头于音乐活动的。

"我也喜欢音乐和漫画，所以也试着创作过，但与他们相比，我发现自己简直毫无创作才能。于是开始思考自己适合做什么，后来就开始给大家做饭，十几人份。因为我曾经在厨房打过工，所以擅长做饭。从那时候起，无论处于什么状况，我都会试着考虑当下自己能做些什么。"

虽然与东北或岩手的话题无关，但确实，人可以分为不断追寻远方的类型，和在所处状况中寻找自己职能的类型。伊藤不像原田真弓那样想独立开一家自己的书店，这种顺应环境的生存方式，与《无言的农民》一书中，作者笔下那些面对强大自然无能为力的农民——他们面对"土地"的态度，有着共通之处。

话虽如此，这其中也包含着作为主动传递"书"的人，伊藤所无法妥协的地方。

他让我想起宫泽贤治的《夜鹰之星》。这部作品讲述了一只鸟因为害怕被老鹰吃掉而忏悔自己曾吃掉无数小虫，不愿再活在弱肉强食的世界，最后变成了星星的故事。虽然把伊藤清彦比作令人哀叹的主人公夜鹰多少有些牵强，但从现实来看，人类是难以逃离市场经济这个环境的。但在他一度从数量与规模的战争中抽身，却仍想传递"书"的态度中，我发现了书店今后的可能性。

在一关市访问伊藤清彦，在盛冈与田口干人、松本大介见面，是在 2010 年 11 月末的时候。

离开伊藤清彦的家，我接着前往福岛县南相马市，去参观那个伊藤赞不绝口的南相马市立中央图书馆。

首先，这里的建筑很漂亮。馆内一二层之间通透性很好，天花板上吊着一些旋转的风扇。整体是个以白色与柔和木纹色为基调的开放式空间。

开放的书区周围按主题设置了不同的展示区，与当地颇有渊源的埴谷雄高、岛尾敏雄的展示区内，陈列着他们的系列著作与亲笔原稿，即使只浏览这些也要花费不少时间。

我先去了伊藤最为推崇的"旅行与地图"展示区。这里不仅有非虚构类的游记、历险记，还有岩波文库的《哥伦布航海志》等古典作品，有易读的旅行散文《环游地球的方法》系列，还摆放着全国各地的大量观光手册，按47个都道府县分类，供大家自由领取。如果对旅行感兴趣的人取下阅读，最后想必也会付诸行动吧。

我按顺序浏览着书架，但没走多远就停下了脚步。这里的每本书都各有主题，显然是经过了挑选。因为文库、新书、单行本、大型书籍混合在一起，所以高低不一，每一本都抓人眼球。书脊则在书架前端对齐。每个书架里都既有刚到货不久的新书，又有古典文库，让人能一窥该领域的整体面貌。确实，这里的意趣像是一家有品位的书店。

所有书架上都有封面朝外、用于展示的书籍，被来馆客人取走图书而空出的地方放有骰子形状的木箱。这是属于图书馆的独特设计，因为图书馆的书架上经常会有抽出书后产生的空隙，如果是在书店，就会补上新的书籍，但图书馆的书原则上都是要归还的，所以如何填补这个空间显得至关重要。

此时，一位抱着书籍走动的工作人员在书架前停下来，从并列摆放的书里抽出一本，替换掉封面朝外展示的那本，便走开了。仔细一看，所有书架的前方都有一道凹槽，要将书抽出来展示时，便把书底部卡在凹槽处。有了这道凹槽，工作人员们用单手也可以迅速作业。

用于展示的书，可能是根据当时书架的空余状况、内容的时事性进行选择，也可能是根据工作人员的心情来选择，一天内可能会有数次变化。正是因为有了这样的变化，书架才能一直保持活力和流动性。如果书店也这样做的话，应该能卖出各种各样的书吧。这里随处可见移动式书架，上面写着"在馆内阅览完毕的书，请放在这里，不要放回书架"。是因为书架的陈列自有其理由吧。工作人员们也想知道哪些书曾被拿出来，并从中寻找新一轮陈列的灵感。

有趣的书不断出现在我眼前。我一边用笔记下它们的书名和由此联想到的东西，一边感叹道：啊，图书馆就是这样一个地方，可以立刻翻开书誊抄内容是理所当然的。

有一个展区名为"超越本职？那个人还写过这样的书"，里面陈列着艺人、编剧、歌手、工艺美术家等不同行业人士的 70 多部著作。"音乐"的书架紧挨 CD、DVD 的视听角，有人在那里一边看书一边听音乐。走上二楼，这里的桌椅比一楼还多，有很多初中生、高中生。二楼也有书架，但整体比起一楼要陈旧些，阳光透过天窗在室内各处投下影子。有人在拼命学习、有人跟朋友聊得热火朝天、有人累得睡着了。成年人也很多，一些上了年纪的人在露台处下将棋。

我回到一楼，走向"图书馆学"的书架，从中取出《文献调查法》《图说 古代职业大全》等书籍放在桌上，翻阅了一阵子。准备还书的时候，想起来不能放回原来的位置，便把它们都放进了附近的移动式小书架。如果书店能采取这种做法，想必会很有意思。

在馆内转了一圈，我便去问候伊藤清彦口中那位"图书馆里也有的怪物"了。此人名叫早川光彦，职务是馆长助理。这座图书馆于 2009 年 12 月开馆，算来还比较新，而早川从这块地还未开发的阶段就参与了图书馆计划。为了用更好的方式传递书籍的魅力而建造图书馆——他在某种程度上实现了这种了不起的构想，并以此为傲。

"来这里之前，我在一关市工作过，再之前就任于仙台的图书馆。在仙台的时期，我最常去的书店是八重洲书房。托那家店的福，我从年轻时就开始意识到要用适当的方式展现书的魅力、在书架上表现书的优点。八重洲书房是我作为图书馆员工的原点。在仙台的图书馆工作时，上司人也很好，是他告诉我要摆自己觉得好的书，现在回想起来，他是个难得的图书馆管理员。如今我也会让员工们到仙台的丸善书店去见习，如果八重洲书房还在的话，一定也会让他们去那里。"

八重洲书房曾是仙台的一家小书店，我虽然没去过，但偶尔也会听到有人惋惜它在1993年倒闭的事。这个公开宣称自己受教于八重洲书房的人，如今正在南相马运营一座书店般的图书馆。

当初早川需要一本本选书、考虑它们的陈列位置，而如今这些工作已经分配给11位负责不同书区的员工，早川做统筹，选书和陈列等琐碎的判断就交给各位负责人。要建造这样一座用建筑本身传达"书"趣味性的图书馆，必定要打破许多传统的习惯。

这个图书馆简直就像一家书店。当我对他发表了与伊藤相同的感想时，他只说了一句话：

"出人意料的是，卖书与借书之间，或许也并没有什么区别呢。"

早川带我浏览了"产业·农业"区域的书架，并告诉我他们选书的标准不是根据自己的想法，而是考虑南相马市民需要些什么。有个小型展台名为"守护重要的农作物！鸟兽危害防范对策区域"，旁边还有个小型展台名为"做好确定申报税额的准备！"。旁边的"职业与都市建造"区域则摆放着这一领域的资格考试题库。因为当地有很多务农者与个体户，为了解决他们对季节性问题的担忧，应对失业人员增加的现状，这个区域介绍了各种应聘当地企业所需的资格考试。我不禁感叹，图书馆就是用如此充满魅力的方式在发挥作用啊。早川却说，这还远远不够。

离开前，我为突然的来访占用了早川很多工作时间而致歉，早川笑着说，伊藤店长介绍来的人，我怎么能不接待呢。明明他们俩只见过一面，却好像已经达成了某种共识。

告别之前，我表示将来会在获得正式采访的许可后再来拜访。但这件事因为 2011 年 3 月 11 日的地震与海啸而没能实现。南相马市是受灾相当严重的地区之一，之后又被划入福岛第一核泄漏事故所致核污染的计划避难区域，城市功能蒙受了巨大损失。但早川光彦和南相马市立中央图书馆的员工们都平安无事，海啸没有到达图书馆所在的 JR 原之町站附近，建筑物似乎也没有受损。据说地震发生之后的几天，南相马市充当了受灾者的临时避难所。

此后，因复兴城市需要优先处理其他业务，图书馆只能持续休馆。早川光彦等工作人员也被派遣到其他岗位上，直到 2011 年 8 月 9 日，图书馆才重新开放，但闭馆时间从晚上八点提前到了下午五点，休馆日从每月一次增加到每个星期一关闭。早川光彦表示，预计 10 月他就会回到图书馆工作了。

泽屋书店在 3 月 11 日之后采取了一些行动，让人们重新认识到当地书店的作用。

3 月 10 日，泽屋书店 FES"AN 分店的推特账号发布了一条状态，称他们有个小型展台正在展出，配图里，绕在展区周围的带子上写着 "《安政五年的大逃亡》之后就是它！"。11 日地震发生之后的几小时内，该账号又更新了 10 条状态，表示工作人员都安全、目前陷入极端缺乏外界消息的状态等。

但在 12 日，该账号转发了评论中一位读者 "跟盛冈的妹妹失去了联系" 的留言之后，便以超越过往的势头开始不断更新。内容包括盛冈停电状况的跟进、新闻报道的重要节选、市内能购物的商店、可以使用的加油站、理发店和澡堂的营业信息等，不一而足。一连数日，以 FES"AN 分店为中心的泽屋书店账号就这样成了刊登盛冈市民所需信息的布告栏。每条转发评论的最后都会以 "一起加油""加油啊" 结尾。其间，与书有关的话题很少出现，泽屋书店成了当地一家实际存在且力量强大的媒体。

到了 4 月，书店想出了一个苦中作乐的企划："呼唤大家带着手电筒到黑暗中的书店来吧。停电的盛冈店欢迎您的到来。"事实上以此为目的前来的客人不多，但书店方在不断传递着一个讯息，那就是无论处于什么状况，也要试着发现其中的乐趣。

"书堆得像小山似的平台雪崩般倒塌的场景很恐怖。说实话在那种状况下考虑书店是否有存在的必要，答案是没有。"

田口干人回顾当时的情形时说："那场灾害让我开始思考，这种时候，作为本地书店应该做些什么呢？比起其他的零售商店，书店是个更亲民的空间，所以必须让它成为集会所一样的地方。这样做的同时，我们也拉近了与客人的距离。地震以后，我对淳久堂的顾虑消失了，也能够肯定他们的存在了。今年，盛冈的郊外建了一间卖场面积超过800坪的书店，淳久堂也不再是本地最大的书店了。规模之战具有相对性，如果太在乎这个，就容易忽略其他问题。现在我觉得，每家店只能不断贯彻自己的职能。"

大地震之后，FES"AN分店进一步强化了关于岩手、盛冈的乡土类书籍的推介，将其摆放在店头。

总店那边，则是松本大介最早开始搜集核泄漏问题相关的书籍，在店前做展示。这是他在考察了本店常客们关注什么、对什么感兴趣之后做出的判断。

"总店从13日就重新开业了，但我脑子里都是全家人往后要如何生活的问题，根本读不进书。不过，客人开始源源不断地到来，这也让我开始重新思考，书的魅力究竟是什么。想到那些罹难的人曾经就生活在自己周围，我说不出'以这次震灾为契机'这种话，但作为灾难的幸存者，我认为自己有责任将书继续传递下去。"

地震发生的三天后，3 月 14 日，我打通了伊藤清彦的手机。他的声音充满力量，说刚刚才到市役所给手机充了电。接着告诉我，他家里的墙壁稍微塌了一点，但家人们都平安无事，虽然还是没有电，但家里有木炭可以生火，储存的大米也够吃上半年。广播虽然能听，但能获得的信息量很有限。因为他很关心海啸带来的影响，我便将电视和报纸里所写的内容大致讲给他听。闻言，他声音一沉，说自己还有不少亲戚、朋友都住在海边。

2011 年 5 月，盛冈市开展了名为 Moribro[1] 的书展活动，伊藤清彦与来自仙台的咖啡书屋"火星庭院"的店长等人共同出席了一个研讨会，久违地在公开场合谈论"书与书店"。6 月，他受邀作为讲师参加了一个为高校图书馆管理员举办的学习会。因为评价良好，他在一个地方讲完，又以此为契

---

1 Moribro：全称为 Morioh Libro，是盛冈市自 2011 年开始每年 5 月举办的持续一整月的书展。每年参展书店数量不同，会场也有多个，设有各式各样的活动，旨在加强人与书之间的联系。

机收到了更多的演讲邀请。此外，当地报纸《岩手日报》也开始定期向他约稿。在 6 月 5 日发表的第一篇报纸专栏里，他介绍了福岛县饭馆村村镇复兴的现场纪实《缓慢的力量》（SEEDS 出版），并借此向读者们传达：如果能将生活的指针稍微拨回到不那么便利的时代，这个世界说不定会更容易生存一些。

"我现在又有机会出现在人前了，但只靠这些也难以为继，必须从长计议呀。"伊藤笑着说。

他仍然是一关市图书馆修建计划的筹备委员会成员，据说地震发生以后，该计划并未完全停滞。眼下虽然还没有推进到选书这种具体环节，但开馆时间定在平成二十六年（2014 年），所以时间也不多了，必须抓紧才行。说到这里，他显出一丝焦虑，但比起半年前还是精神了不少。

"气仙沼、大船渡、陆前高田一带受海啸袭击，图书馆几乎完全被毁。反正是要从头开始修的，我觉得不如就好好计划，修一座能真正服务当地人的图书馆。以一关为中心，向外辐射周边。最近开始觉得，我或许能在中间发挥一些作用。"

我问了伊藤一件从前就很好奇的事。

对他而言，宫泽贤治是什么样的存在呢？虽然在展望他的未来时，我联想到了《夜鹰之星》，但仔细一想，宫泽贤治虽然与石川啄木并列为岩手县的代表作家，但伊藤好像从未写过，也从未谈论过他。我曾询问过田口干人和松本大介，他们也表示没听伊藤说起过贤治。

"啊，他对我而言，是比特别还要更加特别的存在。这么说吧，他的作品能完全融入我的身心。"

他喃喃地起身，走出房间拿了本书回来。书名是《宫泽贤治与东北采石场的人们》（国文社出版），作者名为伊藤良治。伊藤说这是他的远亲，也是东北人。

"说到宫泽贤治，大家都认为他与花卷[1]的关联最深，但其实他晚年在这个东山町做过技师哦。'二战'结束后，当地成立了青年组织，他们决定以贤治的精神为支柱努力实现复兴，并立了一块碑。那个碑所在的地方离这里很近，走路就能到。我父亲当时是该组织的中心成员，所以我很小的时候就在耳濡目染中记下了碑上的文字，哪怕还不解其中之意。跟我同龄的本地人想必都有类似的经历吧。"

这本书的开头印有几张照片，其中就有 2009 年去世的伊藤的父亲年轻时的模样。

1　花卷：地名，位于岩手县中部。

本地立的碑上刻有这样的文字：

> 迟早都会化作闪耀宇宙的尘埃，飘散于无垠的空中吧[1]

每个词都很简单，整句话表达的内容却并不易懂。在《宫泽贤治与东北采石场的人们》一书中，作者也是在结合参考文献后给出了自己的理解。虽然要完全理解这句话，必须先弄懂宫泽贤治的宇宙观，但这句话整体的意思应该是说，作为"宇宙尘埃"般的渺小存在，每个人都应完成自己来到世上的任务后再离开。伊藤在20多岁的年纪从为朋友们做饭这件事里学到的生存方式，或许也来自他幼年时在家乡受到的启示。

伊藤清彦此后会成为一个"书"的传道士，在需要他的地方演讲、写作，或是从事与图书馆有关的工作吗？我也不知道。唯一确信的是，他会留在岩手，为岩手奉献自己的一生。

---

1 原文为"まづもろともにかがやく宇宙の微塵となりて無方の空にちらばらう"。作者宫泽贤治。

第六章　给予的男人

定有堂书店　奈良敏行与《礼物》

总算是赶上了。虽然路上堵车，我又因为太过疲倦而小睡了一会儿，但还是在事先约好的午后时段进入了鸟取市内。

在停车场找好车位，吃了点东西垫肚子之后，我到了定有堂书店门口。进入店内，奈良敏行出现在眼前，他手里抱着纸箱，正在与一位年轻女店员说话。

"啊，我这边马上就结束，麻烦等我一下。"

过了一两分钟，有人叫我，说"这边请"。我在对方的指示下绕到收银台左边，弯腰从那里的小门钻了进去，跟着他穿过微暗的阶梯走上二楼，进了一间像是办公室的小屋子。

长桌上放着我们四天前在电话里聊过的《新世纪书店》（北尾TORO、高野麻结子著，POT出版社，2006年），当时我是为了表明来意而致电。奈良提起水壶，用纸杯泡了茶递给我，又把《新世纪书店》拿在手里，用温和的语气说："我又把它重读了一遍。"接着我们继续进行四天前未完的对话。我把嘴凑到热气腾腾的纸杯上喝了一口，味道怪怪的。

之后是短暂的沉默，我再次表达了自己来访的目的，并用尽可能简洁的语言，向他讲述了日暮文库的原田真弓、淳久堂的福岛聪、井原心之小店的井原万见子，以及泽屋书店前店长伊藤清彦的事迹。接着表示，我也想听听他的想法，但没有准备特别具体的问题。

在四天前的电话里，我也传达过这个意思。打电话给他的时候，没做什么铺垫就直接问他对书店的未来有何见解，他却立即用沉静的声音反问我："你怎么看呢？"我对他说起至今为止采访过的几个人，但并没有正面回答他的问题。奈良在电话那头说："也就是说，你认为人是最重要的吧？如果说书店还有未来，那能再次创造这个未来的，是一个个的人。"

没错，没错。我振奋地表示同意。原来答案如此简单吗？我感觉有些不可思议。

奈良很有耐心地听我讲完四天前也说过的话，接着起身从放着电脑的小桌子上拿了三张像是刚打印出来的纸，走过来递给我。纸上开头写着："《书店般的人》2010.12.3 定有堂书店 奈良敏行 记。"

"跟你通过电话之后，我把自己理解的'书店是什么'这个问题归纳了一下。因为当面我会不好意思，所以还是麻烦你之后再看吧。"

说完他便走出房间，从隔壁屋带回一位年轻女性，用玩笑的语气对我介绍："这是我的大弟子。"据说她在学校图书馆担任管理员。奈良对她说，今天这位先生也会加入我们。

接着她便回隔壁房间去了。再次与我面对面的奈良说：

"今天我就把你当成一位从东京来看我的故友吧。"

很快到了下午一点，这是奈良主办的太极拳教室开始授课的时间。我之前也曾向他表示想旁观课程。

"开了这么久的车，身体也僵硬了吧，不如一起来体验一下。"

他说着，递给我一条松松垮垮的裤子和一件印着太极拳教室名称与 logo 的 T 恤，说这是专门在上课时穿的。

我们去了隔壁一个用作道场、15 坪大小的房间。刚才被奈良称为大弟子的女性正在自由练习。学生们一个个地到来，都是成年人，目测其中还有比奈良年纪更大的长者。我也加入其中开始做准备活动，接着在队伍最末跟着学习一些基本动作。因为一切动作都很缓慢，如果不静下心来呼吸吐纳，反而会觉得疲倦。

一个迟到的学生打开门进来的时候，奈良很自然地开始与他对话："之前聊到的那个，我找到了哦。"第一句就像是在接着上次的话题继续展开，他跟我见面的时候也是如此。对方回应之后，他们又简单聊了几句，从对话中能感到两人的关系如水般自然流淌着。室内的氛围很和睦，学生们对我这个突然出现的陌生人也没有任何防备。

话虽如此，我还是得注意不要妨碍他们。因为他们明天就要参加太极拳升级考试了，今天的课程是为了做最后的调整。所以在课程正式开始以后，我便待在角落里旁观。他们每个人参加的考试级数不一样，所以练习的动作也不同。奈良作为老师，注视着每一个人的动作，并提出一些改善意见。"很棒，做得好，但这个地方右手要在这里收回来。还有要先把视线转向身体移动的方向，这样一来身体也会自然地跟过来……没错就是这样。"

有位女士因为老在同一个地方出错重来，显得有些心浮气躁，奈良对她提示道："转头，看向天花板，吐气。就是这样，没什么需要纠正的地方了。"

"出错的时候，千万不能自我放弃。因为还可以从错处不断重来。"

"千万不能自我放弃"，这句话他说了很多遍。

奈良身穿全套黑色的课程专用服装，动作比起学生们确实显得更加柔软流畅。但他的言行举止不太像一位老师，跟学生们交谈总是用敬语，讲解具体动作的时候，还会因为找不到合适的语言而不时卡壳。

课程持续了两个半小时多才结束。奈良跟学生们再次确认了第二天考试的会场、集合时间与地点，才让大家解散。

下课后，奈良请大弟子作陪，邀请我到附近的咖啡店小坐。

奈良是从 1994 年开始学习太极拳的。虽然一开始是为了缓解书店工作带来的肌肉僵硬，但如今已经取得了指导员资格，在公民馆以及店铺二楼像刚才那样指导大家训练。学生总计有 30 多人。

"太极拳的动作讲究量力而行、不强求，这很适合我。

或者说，这跟书店的状态也有相通之处。"

"量力而行"，是他反复使用的一个关键词。

奈良敏行出生于 1948 年，长崎市人。从早稻田大学文学部毕业后，他先后在戏剧类的演艺策划公司、东京都文京区的本乡邮政局工作过。1980 年迁居至妻子的家乡鸟取市，开了定有堂书店。店铺面积约 50 坪，走出 JR 鸟取站后，沿站前公路往县厅[1]方向走 700 米左右就到。这家店并非那种随处可见的平常书店，店内的书架都有独特的分类方式，按领域或是主题陈列。所谓的大众畅销书籍，这里一本也没放。环顾店内，总能有新的发现，这大概就是徜徉定有堂书店的乐趣所在吧。包括车站在内，店铺周边共有四家中小规模的书店，车站反方向的郊外还有大型书店，所以对当地人而言，定有堂并非买书的唯一选择。但在所有书店中，它的个性是最为鲜明的。

不过，我不想使用"极具个性的书店"这种烂大街的形容，因为定有堂具有别的店无法挪用、难以用言语概括的某种气息。另一方面，因为它是在鸟取这个城市里诞生的一家"普通的书店"，所以并不出格。总之，要用浅显的说明与概括来介绍定有堂和奈良敏行是困难的。

1　县厅：即县政府。日本的县大于市，相当于中国的省。这里的鸟取市是
　　鸟取县的政治文化中心，也是县厅所在地。

但我们可以尝试从周边入手。

有本名叫《书店最棒！》（安藤哲也著，新潮 OH！文库，2001 年）的书。作者在 1996 年开了往来堂书店，此后先后在网络书店 bkl 与乐天 books 工作，如今是 NPO 法人"Fathering Japan"的运营者。这本书是在他从往来堂转职到 bkl 时出版的。书中明确写道，他创立往来堂这家店的契机，与奈良敏行有关。作者在 1996 年参加了鸟取县大山町举办的出版从业者学习会"书的学校——大山绿荫研讨会"，并旁听了奈良与田中淳一郎（东京都目黑区，恭文堂书店）主讲的专业研讨会。

> 说实话，我去鸟取的主要原因就是知道会有这个专业会议。（中略）奈良先生说"书店里自有一片蓝天"。（中略）我听完十分感动。这就是我在书店工作的每一天都模模糊糊感觉到却无法诉诸语言的想法……奈良先生将它表达出来了。（中略）听着两位的发言，我不禁开始在头脑中描绘开一家新店的事。（《书店最棒！》第 31—33 页）

恐怕在去鸟取以前，安藤哲也就已经有了"自己从头做一家新书店"的想法，但当时的他仅仅只在书店工作了三年，尚且没有任何开店的理念，或对卖场形式的构想。第一次参加"书的学校"研讨会时，他也拜访了定有堂书店。往来堂书店于当年年末开业，店内有些布置手法便借鉴了定有堂书店，例如在书架隔板部分贴上主题和关键词的标签等。二者最为相似的地方，是都给人一种手工布置的感觉，完全不会给客人施加压力。安藤离开往来堂之后，接任的第二代店长笈入建志虽然使用了完全不同的方式呈现"街市的书店"，但现在的往来堂依旧保留着上述基本元素。

店名也来源于奈良先生的话。

奈良先生说，如今的书店正在失去"普通"这一特色。何为"普通"呢，它就"存在于往来之中"。人们擦肩而过，来来往往，但普通地存在于其间的书店正在慢慢消失。(《书店最棒！》第 58 页)

安藤哲也参加的那次专业研讨会的内容，后来被整理成了名为《街上的书店无法入眠》(奈良敏行、田中淳一郎著，Arumedia，1997 年)的小册子。

其实这是我第一次在人前讲这些。从前很难有机会在普通读者面前谈论与书店有关的话题，虽然有过几次演讲的邀请，但几乎都是管理类的研讨会，我想着"那跟我想聊的东西不太一样啊"，就一直犹犹豫豫，没有参加。

换句话说，我意识到我想谈论的书店话题，与分享生意经相去甚远。话虽如此，我也不是以玩乐的心态，而是很认真地把它作为维持生计的工作，丝毫不敢怠慢……但它确实与商务理论之类的不同。因为商务理论这种程度的内容，给人一种可以翻来覆去反复说的感觉。（《街上的书店无法入眠》第 21—22 页）

话题从这里开始，进入了令安藤备受感动的"书店的蓝天"的部分。

安藤认为已有的书店形式给人闭塞之感，想要在自己计划开的新店中打出"恢复街市书店权利"的口号，而定有堂就是一个模范对象。2001 年在福冈市开业的库布里克书店（Book Kubrick）也和往来堂一样，在店内号召"恢复街市书店权利"，他们也公开表示是受到了定有堂的影响。由此可见，定有堂的存在能给予胸怀热情者鼓励。

至今为止，从定有堂书店与奈良敏行身上察觉出某种深意的人想必不少吧，但奈良本人却很少公开谈论书店理论。其著作也仅有与田中淳一郎共著的《街上的书店无法入眠》。当时与会的记者写过一本《有故事的书店——经过特殊设计的书架》（胡正则、长冈义幸著，Arumedia，1994 年），里面详细介绍了那次公开研讨会的经过。

虽然很少出现在商业杂志或演讲会上，但奈良在自己的网站主页上时常发言，也会积极地制作类似内部宣传物的小册子。他交给我的那份名为《书店般的人》的印刷资料也显示出同样的特征。

我曾经读过一本奈良于2000年总结的小册子，题为《思考"街市的书店"》，共20页左右，是岩波BOOK CENTER的社长柴田信给我看的。据说是奈良根据一份写给京都府书店组织的报告重新整理而成。说是小册子，其实不过是将文字处理机打出的纸用订书机订在一起的简陋之物。封面上写着"私人版""非卖品"的字样。柴田信说，这本小书对他而言就像座右铭，他将之放在自家桌子最上面的抽屉里，以便随时拿出来翻阅。

因为这本小册子在当时只分发给了少数几个人，此处不便引用文章内容，但可引用内田树的《街市媒体论》（光文社新书，2010年）的内容作为参照。

作者先是结合自己的体验提出，大众媒体的事业模型正在自我毁坏，并于最后部分的"第七讲"介绍了马塞尔·莫斯的《礼物》，暗示往后的媒体形态的发展，可能隐藏在市场经济出现之前的社会中。

> 不过，媒体并不是为了"牟利"才被发明的。而是带着某种人类学性质的功能出现在世界上的。数百年前，当市场经济的时代来临时，媒体被纳入了商业的框架内，

但在根本上，它并不是为牟利而生的。(《街市媒体论》第 106—107 页）

整本书中，作者想要表达的内容可以理解成：应该回归以上引文所说的原则，重新审视媒体的社会职责，这是非常重要的。

其实，无论是奈良总结出的《思考"街市的书店"》，还是他曾写在定有堂主页上的"杂记"，又或是前面介绍过的《街上的书店无法入眠》，里面都有一种与《街市媒体论》相通的理论，并且是站在书店的角度阐述的。他也引用过莫斯《礼物》中的话，但与内田的直接引用不同。

可以想见，《礼物》对同时代出生的奈良敏行与内田树而言，是一部重要的古典著作。跟奈良同龄的桥爪大三郎在《结构主义入门》(讲谈社现代新书）中说："我刚进大学的时候，刚好是我国掀起结构主义狂潮的时期。"(第 12 页）

而结构主义的主角，法国人类学家克洛德·列维-施特劳斯的理论，曾受到莫斯《礼物》的很大影响。与内田树同龄的中泽新一在《纯粹的自然的礼物》(讲谈社学术文库）中提到，第二次世界大战后，迎来经济萧条的法国等欧洲各国导入了美国式的资本主义，圣诞节这种传统性庆祝活动也开始被美国式的商业主义吸收，这种时候，"无论马克思还是凯恩斯，面对该局面都会无计可施。此时只有少数

几个敏锐之人会意识到，唯有马赛尔·莫斯的思想能与之正面抗衡"。（第153页）

对某些在20世纪60年代后半期到70年代度过青春期的人来说，《礼物》想必一直是部重要的古典作品，21世纪前10年之后，其存在意义或许还会更加重大。在此，我不想使用团块世代、全共斗世代这类大词，因为在进入21世纪的当下，还抱着青春期的问题意识度日的人想来不多。奈良敏行的小册子《思考"街市的书店"》让人感受到一种诚实：他自己仍在与那种问题意识持续斗争。读了《街市媒体论》之后，我很纯粹地认为，"书店"真的很厉害。

我与奈良，还有被称作大弟子的女性一边喝茶，一边聊了些没有重点的话题。奈良并非雄辩之人，不时会沉默片刻。

太阳很快西斜，我们先回了趟书店。当时我尚未确定当晚住处，奈良得知后，从架子上抽出几本当地指南、城镇信息杂志递给那位女性大弟子，说："用这些帮他找找吧。"我本打算与他们告别后再慢慢找住宿的地方，听了这话有些慌，便和女士一起到收银台的角落里翻找那些本是商品的杂志。最后，我选定了一家距离最近的旅馆，从定有堂书店走过去只要两分钟。到旅馆登记完入住，回房把包里的东西腾了些出来后，我又回到了书店。正想着要好好观察一下书架时，奈良递给我一本书。书名是《想传达之事》（滨崎洋三著，

1998 年），发行方是定有堂书店。

"书里写着，不能相信高声宣扬的人。"

作者曾在鸟取西高中担任了很长时间的历史老师，此外还对乡土史研究做出过贡献，奈良很仰慕他，据说曾持续多年邀请他担任在定有堂二楼房间里定期举办的读书会讲师。1996 年，60 岁的滨崎去世。这本书是与作者有交情的人们委托奈良制作、发行的，收录了作为教育者、乡土史研究者，以及鸟取县人的滨崎留下的文章，和他死前一个月在鸟取西高中发表的演讲。书名取自最后那次演讲的题目。版权页显示，本书自 1998 年出版发行以来加印过两次，累积印刷了 4200 本，至今仍然陈列在定有堂书店内的四个地方持续销售着。"送给你。不对，是请你收下。"奈良平静地说。

已经过了晚上七点的关门时间。奈良开始做关门准备，身为大弟子的女性也跑来跑去地帮忙，而她明明不是这家店的店员，在我看来有些不可思议。我在灯光熄了大半的昏暗室内一边等待，一边用手摩挲《想传达之事》的封面。

关店后，我们三人一起去吃晚餐。奈良带我们去的第一家店坐满了，于是又换到一家无人光顾的中华料理店。

在这里聊得也不算热烈，他的话像水珠般一滴一滴地掉落。

"读者的欲望时常与书店的欲望背道而驰呀。作为读者，如果买到了 10 年前的稀有书籍，应该会很开心吧。但对书店而言，10 年内只卖出一本的书，究竟该赋予它什么意义呢。虽然可以有很多种说法，但现实中它或许真的没什么意义。"

"书店，就是一个'低声'的世界。或者该说，书的世界不相信'高声宣扬'。《想传达之事》里也写了类似的内容。以前我曾向各式各样的人约稿，放在定有堂书店主页上，后来却开始变得消极，就是因为我自己认为是在低声传达，却被一些人理解成了高声宣扬。网络确实有着这样的一面呢。"

"如果这里新开了一家即将成为竞争对手的大型书店，还和自己的店是同一家发行商，该怎么办呢……我的话，会不断送礼物给那个负责发行的人。作为本地人，我知道的一切都可以分享给他。无论是与土地所有者的交涉，还是别的什么，我会力所能及地帮忙。因为我一直以来都受到发行人员的诸多照顾。一切都是由个体与个体构筑而成的，这就是我的想法。我希望负责发行的人员能在鸟取顺利干好他的工作。当然，那个人背后确实还有他的公司，但我并不在意，因为个体拥有强大的力量。"

"我能学到这些，大概都是因为我生活在鸟取。这里有很多传说中厉害的书店人，30年前的我对书店和鸟取都一无所知，但他们巨细无遗地教给我各种知识，从书架设计到外销[1]方法。他们自己或许也有这样的前辈吧。"

"或许是受到这些前人的影响吧，我认为书店是从外销开始的。首先是把自己认为客户想要、或许会想要的书送到他们那里，书店的职责就始于此。自从书店开始收到发行商送来的大量书籍以来，作为根基的外销观念似乎就开始变得不再纯粹了。"

我无比自然地听着奈良的话，温和平易的言语中饱含深意，无论跟他聊多久，大脑都不会感觉疲惫，毋宁说反而更加轻松，这点让人感觉奇妙。原因或许跟奈良的视线位置有关，他不会直视我的眼睛，而是把目光放在我喉咙到胸口之间的位置。一开始我以为他是在回避我，后来意识到，这应该是他的一种习惯。

事实上，正是跟奈良聊天之后，我才意识到伊藤清彦对"书"的态度似乎发生了某种改变。

---

1 外销：外销作为一种销售手段与一般的店内销售不同，是一种针对企业、个人客户提供的个性化产品销售的商业模式。

"在书店里，比起某本书卖了多少本，更重要的是卖给一个个人的每一本。"

奈良说这话的时候，我想起伊藤在当地广播节目推荐书的事。他说面对一个个看不见的观众讲书的经验，也为他之后的"书"的销售方式带去一些影响。换句话说，他作为书店员的销售手段已经用尽了。一方面，他忘不了自己看中、策划的书卖出数十本、数百本的那种快感，另一方面，他又意识到自己的职业开始偏离了"书"的本质。伊藤清彦的苦闷便是始于这点，但这同时也会成为他东山再起的萌芽吧。

"菜会不会太少了？"
"怎么样，要喝点酒吗？还想吃点什么？"
"不好意思，怪我一直在喝水，没照顾到你。"

奈良一边注意着店里的情况一边说。不知怎的，他提到自己定期出差去大阪时常住的一家商务旅馆，不满地表示，那家旅馆的房间里没有剃须刀。

——只要打电话到前台，想要的东西大都会有服务员拿过来哦。

"这样啊……但是我问不出口啊。怪不好意思的。"

翌日，我坐上奈良的车，跟他一起送太极拳的学生们到升级考试的会场。集合地是海边的停车场，几辆车停在一起，大家简单地做了会儿体操，便朝会场所在的仓吉市出发了。中途在路上的车站下车进行了最后的确认。跟前一天相同，奈良给每个人都提了建议。车子驶向会场的时候，奈良拿出很多便携式暖贴递给那位女性大弟子，说太冷容易紧张，待会儿分给大家吧。

到了会场，送走学生们之后，我俩开车兜了会儿风。

太极拳的段位是从五级到一级，初段到三段。指导员的资格以 A 为最高，共有四段。奈良的段位为二段，作为指导员的资格为 B。开始指导学生后，他会在每天早、中、晚分别做 30 分钟到 1 小时的自主练习。据说他的师傅在大阪，他也会定期过去接受指导。

学生中有两位昨天没来参加练习，今天是第一次见到。其中一位男士爽朗地跟我搭话，说："来鸟取一定要去吃牛骨拉面，'菫食堂'的牛骨拉面超棒，不过距离稍微有点远，如果你有时间一定要去尝尝看。"我跟奈良说起这件事，他愉快地表示"那个人很有意思"。我本以为那人是在政府的观光部门或是什么销售部工作，结果听奈良说，他是高中老师。

"他是个很有热情的人，来自境港市，不过在境港有很多像他这样的人。举个例子，学校让他去当足球部的顾问，他就可劲儿地学习相关知识，买一大堆教学规则书籍和碟片自学，为此花了上百万日元，好像还拿到了比赛的裁判资格。但因为学校老师会有人事调动，这一来他又做不了顾问了。在旁人看来，大概会觉得他所做的一切都变成了无用功，但他不以为意，是个能把精力集中在很小的一件事情上的人。我觉得他很棒。"

听说那个人一开始也是定有堂书店的一位顾客，某一天，他突然提出想成为读书会的一员。熟悉之后，奈良发现他是个精力过剩的家伙，就推荐他学太极拳。昨天一直陪着我们的那位女性大弟子，也是在书店受到奈良邀请开始学习太极拳的。我开玩笑地说：您就是这样一个接一个地把他们拐来的吧。奈良却说不是，他邀请的人很有限，虽然店里会有各种各样的客人，但能说上话的还是少数。

"确实，我跟他们的交谈大都是从那个柜台开始的。看着客人，稍微聊几句，我心里就有了判断。虽然我这个人没什么才能，但判断一个人是否有趣的直觉还是很准的。"

在我的想象中，奈良开办的太极拳教室和读书会等副业应该能为他赚取一笔不小的收入。但他告诉我，二楼的太极拳教室收费是每次500日元，读书会是每次100日元。昨天到太极拳教室来的有六个人，如果按每周一次的频率计算，这点钱确实连收入都算不上。而读书会的参加费也不过是象征性地收取。虽然参加者都是定有堂的常客，但这些钱根本无法为书店增收。

店铺二楼的空间原本是奈良留给自己练习用的，但在公民馆等公开教室上课的学生里，有个别希望他能进行单独辅导，奈良就让他们过来了。就这样，二楼不知不觉变成了他的指导教室。

"如果把这些都跟店铺收入、利益之类的联系起来，反而容易出岔子。卖书方面，我偶尔也会给别人帮个手，像是在附近的寺院里卖书、在医院里摆书摊之类的，我作为志愿者参与其中。想在这些地方卖书的人基本都是业外人士，会用一些书店根本不可能考虑的方法陈列书籍，这种陈列偶尔也会有出人意料的效果，我就会觉得很有意思，想知道原因是什么。"

"不只是书店，我觉得开一家小店，就是开始书写自己的故事。故事的开头是什么样的呢？要思考这个，不能只落在一分耕耘一分收获这种效率问题上。为了获得一分收获而付出八分的耕耘，这种经历也必不可少，且越多越好。"

我们在仓吉市的旅游胜地赤瓦里的一家店里边吃咖喱边喝咖啡聊天。离开餐厅重新开车上路时，那位女性大弟子打来电话，说她的考试结束了，也大致看了下其他人的情况。奈良开车去接已经走出会场的大弟子，她钻进车后座，有些兴奋地汇报了考试的情况，提及有人在考试中途出错停下但又重来了一遍云云。奈良"嗯"了一声，陷入片刻的沉默。

把车停在观光地燕赵园里，奈良说："进去转转吧。"作为日本鸟取县与中国河北省友好关系象征的燕赵园，建于平成七年（1995 年），如今人迹罕至，十分寂静。我们三人一边交谈一边在园内逛了一圈，其间，奈良的手机陆续收到学生们发来的报告短信或电话，果然，几乎无人有信心顺利升级。

傍晚，太阳开始下山，我们决定返回鸟取市。路上，奈良把他开书店的前因后果告诉了我。

"20 多岁的时候执着于寻找自我的身份认同（identity），为此吃了很多苦头。在演艺策划公司工作的时候，有一次上司对我说：'可以放手去做你想做的事。你想做些什么呢？'我当时完全没有头绪，为此很苦恼，后来也因为这个受了些打击。虽然一直没找到答案，但我想到一件事：总之我是喜欢书的。这一来，出版社是个去处，学生时代我在校刊部待过，写东西也是条出路，但是最有持续性、最有意思的还是卖书。之后因为妻子的父母生病，需要我们回鸟取照顾，虽然我也想过其他营生，但最后还是决定在鸟取开一家书店。"

回到定有堂书店后，我仍未决定当晚住在哪里，但这两天还没来得及仔细参观店内，趁着与奈良聊天的时间，我终于有机会慢慢观察各个书架。

书架搁板上贴的那些印有关键词的黄色标签十分惹人注目。其中一些很容易看懂，例如"令人愉快的书""献给年轻的你""致女性""思考的启发""具有冲击性的一本"；还有一些耐人寻味，例如"awareness""facilitator"……什么意思？我思索着这些，又看到贴有"spirit"的书架上陈列着外国小说，贴着"voice"的书架里放着几本米原万里的书，这一来，我对标签与图书的配置产生了好奇。不过，我又发现在贴着"愿望自然会实现""众望所归""改变'思考方式'"等标签的书架上都是些与猫有关的书，这样看来，关键词与对应书籍之间似乎并没有密切的关联。书架顶端到天花板之间放着些电影、戏剧、文化志一类的海报和宣传单，或是裹成筒状，或是卷在箱子上，其中一些向下垂挂着。

收银台周边摆放着与鸟取或本店有因缘之人的作品。其中有一本是朝日新闻的记者在鸟取分局工作时整理出版的《我的鸟取》（木元健二著，今井出版，2008 年）。书中介绍了 60 位不同职业的鸟取居民，奈良敏行也在其中。他说："这个人最后是自己掏钱出版这本书的哦，是位采访工作很细致的记者先生。"作者在后记的"追加"部分对奈良表示了感谢。想来是因为奈良在采访对象的选择和单行本出版的过程中帮了他不少忙吧。在我提出这个疑问之后，奈良却没有做具体的说明。

从昨天开始，我就从他口中听过好几次德永进的事迹。他是一位医生，开了家名为"野花诊疗所"的收容机构。与《想传达之事》的作者滨崎阳三一样，德永进也是奈良敬爱的鸟取名士。书架上也有两本他的著作，其中之一是他最近出版的新作，另一本是很久以前的出版物，如今似乎只有定有堂还在销售。

我表示两本都想买，奈良却露出为难的表情。

"就买这一本，另一本就算了好不好？算了吧。"

他让我"算了吧"的，是很久以前出版的那本。

——不行，机会难得，请把两本都卖给我吧。

"这边这本是最新作品……"

——为什么不能两本一起买呢？

"……唔。"

——要不然我就只买旧的这本吧，新的这本在其他地方也能买到。

"不是，说真的，这两本书的内容很相似，我认为新的这本更好懂一些，所以……"

——……

"因为从哪本开始读很重要，我也很希望你能喜欢他的书。"

见他如此坚持，我最后只好放弃了旧的那本。

此后，他又热情地向我介绍了一本又一本与鸟取、与这家店以及他自己有过交集的人们的书，像是某天突然搬来鸟取的男性创刊的地区杂志《魅力山阴》，曾是定有堂常客的评论家正在上面连载的、讲谈社的免费宣传杂志《书》，等等，我也一本一本地挑选着。

"小型店铺不能给人浅薄的印象，因为那样很快就会让人厌倦。"

他说，从前曾有前辈给过他这个建议。

当天我续住了前一晚的旅馆。奈良再次载上在附近咖啡店休息的女性大弟子和我，先把女士送回家，又带我进了家餐馆。

我在那里首次进行了比较像样的采访，但要说具体问了些什么，其实只是我有感而发的一些东西。在和歌山、岩手、东京的时候也一样，到最后都会变成这种心境。奈良不喝酒，昨天吃饭时只有我一个人喝了点儿。这时候我才告诉他，其实我平时也不太喝酒。

我把从家里带来的包括《礼物》在内的十几本书堆在桌上，希望奈良看着它们跟我聊天。

"好主意。我跟人聊天的时候，有书放在中间，话就会变多。"

书店员里，有人热情洋溢得几乎超标。

曾经有过这么一件事。有个人继承了家里开的书店，某一天，他说，书店跟其他买卖都一样，并不因为是书店就有什么特别之处。或许该说他对书没有恋物式的热衷吧。没多久，这人就把自家的书店关掉了。

如果是另一个有热情的书店员，首先就会否定刚才那人的看法，说"完全不对，你在说什么呢？正是因为自己想干这份工作，觉得它比其他任何工作都棒，才会去干的呀"。

这不禁让人思考，想开书店的这种欲望究竟是什么？

继承了书店的人没能把自己的欲望带入到书店这个空间。他还年轻，在人生中也应该有想实现的欲望，但这种欲望并不在书店里。那么，那些渴望把自己奉献给书店的人，究竟在书店里看到了什么呢？

对我来说，是交流。

也就是能邂逅各种人的机会。虽然这种事在哪里都能做到，但我是个很怕生的人，平时遇到不认识的人，可能连话都说不出来。但你看我现在，很能说吧。原因就是干书店这行，可以隔着书与人进行交流。只要有书，我就会感到安心，说话也会变利索。其他人是什么样呢？大家出生的年代不同，当然有着截然不同的思考方式，但我想知道，他们渴望从书店中获得些什么。

早川义夫先生写过一本《我是开书店的老头儿》[1]。这本书是该系列的第一本，灵感来源自雷蒙德·曼戈的《为了不工作也能活下去》，编辑那边似乎对它期望很高。虽然策划了一个系列，但这本书非常优秀，甚至让人觉得只出这一本就足够了。主要原因之一，是封面的插图。店主慈祥地笑着坐在屋里，旁边有小孩和猫，酝酿出一种几乎没在工作的氛围。事实上书里写了书店日常要面对的各种艰苦奋战，读者会有种被封面插图欺骗的感觉。

　　这本书体现了书籍出版方的浪漫。当时的社会环境确实也有种浪漫的追求：渴望一种不工作就能活下去的生活方式，而主流的答案便是开一家个体经营的店铺。

　　如今的答案又是什么呢？类似当时开一家店的欲望是什么？

　　过去，筑摩书房曾制作过一系列面向书店的传真传单，名叫《哟嗹通信》(どすこい通信)，以此为媒介与书店保持了密切的交流。我从这份传单的发展中看到了极大的变化，且对此印象深刻。《哟嗹通信》一开始是面向各个书店传递消息的媒介，但从某个时期开始，它的内容开始转向各个卖场的负责人。作为出

1　本书的丛书名是"为了不工作也能活下去"，来源自雷蒙德·曼戈的日译同名书。

版社，筑摩书房想与书店保持良好的沟通，即使全国书店数量不断增长，卖场也越来越大，他们仍想继续与书店一同砥砺前行，而在这种时刻，他们喊话的对象，成了各个卖场的负责人。在《哟嚯通信》里，能看到双方交换意见、团结起来共同前行的轨迹。而在此之前，人与人之间的团结合作都是以早川义夫这样的个体经营者为中心的。

书店从业者的欲望核心，似乎也是从这时候开始发生了一些改变。卖"书"的行为虽然和以前一样，但个体经营者与卖场负责人在实质上是有区别的。

个体经营的书店会迎来各式各样的客人，不只是喜欢书的人，也有与书毫不相干的委托，偶尔店里还会突然出现奇怪的大叔。《我是开书店的老头儿》里也提到过类似的经历。不知不觉间，我也开始想要制作一些小范围传媒[1]，因为看似没有直接关联的事物其实也是联系在一起的，在复杂的双向关系中，站在卖场负责人的角度，这种联系相对于个体经营的书店要弱一些。

但他们对书店员这份工作充满了热忱，从中或许能窥见一些线索，找到刚才提到的那种欲望之所在。

1　小范围传媒：ミニコミ，日文中的生造词，是 mini＋communication 的略语。指向特定范围内的对象传递信息的方式。

——我认为，个体经营这种欲望形式，如今依然存在。但不同以往的是，现在更加自由……从前开一家店，必须遵守业界的规则，如今却已脱离了这种框架，或者该说只有打破这种框架的限制才能实现自己的欲望。书店也不再拘泥于销售新书或是古书，其形式本身也在变化，但要具体地形容这种变化却不容易。

"我想起一件事。

"昨天给你的那本《想传达之事》，在滨崎先生去世前不久刚被报纸介绍过，因此甫一出版，就获得了意料之外的销售成绩。当时有人从广岛打电话过来，说他读完非常感动，问我是否能以进货价批发一些给他卖，于是我批发给他一百多本。后来问他是否也是开书店的，他说自己没有店面，只做外销，因为《想传达之事》的作者在学校里很受学生们的钦慕与尊敬，所以他想让客户中的老师们也读一读。

"没有店面却依然在坚持做自己能做的事，这或许就是一种新的书店形式。以我自己的感觉来说，它带有小范围传媒的性质，注重当下力所能及的事。"

——我也有同感。不一定非要有个固定的场所，只要能创造出一种人与人之间有"书"存在的状态，将"书"介绍给具体的读者，形式并不重要。这也确实不是什么新概念，就像是各地书店的外销服务又重新开展了起来，只是具体做法比以往更加丰富多样。

"从存续性的意义上说，并不是要让一度经营失败的人再努力一次。只要有人继承这种热情，无论是谁在哪里开始新一轮的努力，都是一种精神上的延续。"

——定有堂呢，你有想过让谁继承吗？

"这我还没考虑过。但要说完全不考虑，也不至于。

"至少我觉得，不会有人跟我用同样的方式去经营店铺。客人也曾经跟我提过，如果只是保留店名，店内一切都变了味，那还不如不要保留。在我还是白纸状态的时候，常听本地人说起几位传说中的书店人，我与其中一人现实中有过交往，也受过他的照顾，但其他几家书店都早已消失。虽然店没了，但还是能从客人们口中听说那些书店与人的事迹。听闻店长们曾经做过这样那样的事，我也会考虑是否应该效仿。这种时候，我就感觉自己从素未谋面的前辈身上继承了某些东西。比如有位赊账的客人，我每个月或每隔三个月要去他那儿一次，后来有人告诉我，他以前只在发奖金的时候才有钱付账。据说还有客人曾用退休金付账，我很惊讶，居然还有这种交易方式，想来要维持营生应该很艰难吧。"

——你有过经营困难的时期吗？

"刚开始有。话说回来，最初这一带有很多书店呢。我开店的时候也有前辈说，附近都这么多家书店了，没必要再开一家吧。我也很担心是否能维持下去。但年复一年，周边的书店越来越少。我开店之初调查过，从车站前到县厅这段路上共有 24 家书店，但如今好像只剩 4 家了。"

——听说到处修路是造成地区破坏的要因之一。但我来这里的时候，也是因为鸟取公路一直延伸到市街附近，才按时赶到了太极拳教室。公路虽然带来了便利，但途中的自然风景、值得一看的东西也都在急速行驶中一闪而过了。在这种状况下，即使面临地域的破坏，站在个人立场上，还能做些什么呢？虽说网络上什么都能看到，但那与真实的景物还是有差别的。

"我还是觉得，书店就是做自己力所能及的事。对我来说，有店铺、有书架、在那里与客人面对面交流，就是我所能做的一切，但这也足够了。我本来就是个害羞的人，做自己力所能及的，就是我理想中书店的状态。只要是为客人着想，一个让人能轻松进入的小小空间就够了，书店就是这样一种存在吧，我再次这样思考。当然，刚才说的那种不限对象、地点，可以立即运营，没有店面的小范围传媒性质的存在，也可以算在其中。"

——如今的出版流通环境缺乏方向性，无法支撑这些微小的存在，重塑书店的本质。奈良店长口中"力所能及"工作着的每一个人，都必须自己创造这种环境，而首先就是要在书店现场与现状斗争。

"发行商的首要课题，就是如何控制发行量。一开始是以机械的方式管理庞大数量的书籍，使其合理化，如今又开始减少发行量。

"但他们原本的目的应该不是这个，控制数量，应该是为了将量转化为质。通过庞大的数量积累数据，反过来将其运用到每一家书店，这才是他们最终的目的。

"每一家书店现场的反馈完全不同，分别应对他们的需求才是发行商控制数量的意义和目的。但事实上，他们却在控制数量的基础上对工作敷衍了事，例如优先实施全国通用的销售企划，这类企划或许适用于几百坪的大型书店，但小型书店也被迫采用，且在不知不觉间成为惯例。

"发行商方面，至今还有很多员工到小型书店的现场与店员们进行沟通吧。那些人也开始怀疑，自己如今的工作究竟有什么意义，任务是什么？即使大环境如此，我也希望他们能顶住压力，想办法将量转化为质。把自己所知的书店总体情况归纳起来，运用到一家家具体的书店上去，希望那些负责现场工作的发行人员能发挥自主性，努力改变现状。

"我认为，一味地横向扩张，并非书店的理想状态，还是该量力而行，一点一点、一本一本地做宣传。店铺虽小，客人却多，书店自有方法把书传递给需要的客人。

"书店有它天生的使命，或者该说不得不完成的任务，那就是回应每位客人的需求。只要有人订购，无论想什么办法都要进到货；被人问及某本书，若自己没有相关知识便会觉得羞耻，所以必须不断学习。这也是因为书店对当地居民负有一定的责任。

"但在不知不觉间，这种使命感消失了。客人们也不再要求这些东西，因为打开亚马逊搜索，什么书都能买到，即使到了郊外，也有琳琅满目的超市。过去那种由顾客推动店铺走向完善的经营结构可谓被破坏殆尽。从前的客人要想让一家店对自己有求必应，就必须时常光顾，用实际的购买行动促进店铺的成长。这种买卖关系有着互相影响、互惠互利的特点。

"书店方面也是一样，如今不再凭借书店与客人的交流促进店铺的完善与延续，而是以书的数量、资金雄厚程度来决定店铺的生死。当这波浪潮退去，或许只有井原心之小店的井原女士那种对当地居民负有使命感的人才会留下来吧。"

——也就是说，像井原女士那样的人必须把店开下去？

"那倒不是。比如井原女士的井原心之小店，我觉得关张也没关系。我的那些前辈书店人，也是因为对本地居民抱有责任感，其事迹才会被大家口口相传，最终为我所知，这里面有一种看不见的关联。就算书店消失，这种关联的轨迹依旧会留存下来。理想的状态当然是为事业完全燃烧自己，但其实只要不后悔就行。井原女士大概也是这么想的吧。"

——我也在想，明年再做一次书店主题的采写吧。

回过神来，餐厅里只剩下我们俩了。

我越发觉得不可思议，与奈良交谈之后，为什么整个人都变轻松了呢？

第二天上午碰头，仍然是在定有堂附近的定食屋与咖啡店交流。

这次他聊起了开书店以前的经历，大学时期与妻子相识的故事，还有在邮局工作时期认识的某位性格怪异的同事的事。

邮局里有第一工会和第二工会，二者分别以不同的方式开展了工人运动。当然，工会成员之间也有对立，但若不加入工会，很多信息就无法获得，享受不了成员专属的优惠，人也会越来越边缘化。

当时就有这么一个同事，不属于任一工会，跟公司其他员工也没有交流，跟同事产生矛盾时，从不轻易退让。他觉得工作是件不光彩的事，所以尽可能地少干活儿。那个时代确实有这么一种氛围，但实际生活中很少有人真这么干。我后来跟他熟悉起来，发现他脑子很聪明，业余爱好是钓鱼，也经常思考各种各样的问题……随着大家对他的了解慢慢深入，看他的眼光也发生了变化。

奈良向我描述了那位同事的魅力。我猜测，让那人与邮局内其他同事熟悉起来的人应该就是奈良吧。但他几乎没提自己在其中发挥的作用，只说："我在那家邮局工作期间，学会了什么是沟通。"

我想，他与那位将孤独贯彻始终的同事间的交流，与后来开定有堂书店之间不无联系。但奈良每每说起开店前的事，都会补上一句"这与书店完全没有关系""这个完全与书店无关，请不要写哦""你听过就忘掉吧"之类的话。为什么他把开店前后的界限划分得那么清楚呢？

他说，是因为开店前的自己与开店后的自己截然不同。

　　对我而言，书店就是余生。

　　我想说的跟这话原本的意思可能不大一样。我认识一个人，在东京开过书店，又迁居到鸟取来，开了家咖啡店。那人说要在这里悠闲地过完余生。我也是选择了书店作为我余生的事业，但其中又有别的含义。开书店以前，我为了寻找自我身份认同虚度了不少时日，所以开了书店后，就决定全力以赴，切换了一种人生状态。

　　当我开始站在卖书人的立场，很多东西也发生了变化。

　　虽然是因为喜欢书，才开了书店。

　　但喜欢书的生活方式，主角是自己。

　　而卖书的生活方式，主角是顾客。

二者间有这么一个区别。这里所说的客人，当然是重视书、我们称之为读者的人们。当我面对他们的时候，才真正地邂逅了他者。但这种说法也很容易模式化，所以还是少说为妙。

正因为开了书店，我才邂逅了那么多厉害的读者。在书店里，那些读者就是主角。相对于他们，我的存在也就越发微不足道了。

定有堂书店开业于1980年，在此之前，奈良用了一年多时间做准备。截止到搬到鸟取之前的同年6月，他一直在邮局工作，并在熟人的介绍下认识了日贩发行公司的员工，又经此人斡旋，利用工作之余在千叶县松户市的书店学习经营书店的基本知识。

早期的定有堂书店跟现在完全不同，奈良回忆道。开店之初，店里的商品全都是发行商帮忙决定的，那家发行公司派来的负责人告诉奈良，一定要先跟周围的同行打招呼，还亲自带着他一家家去拜访、寒暄。行业内的前辈们知道奈良是第一次接触图书行业，便理所当然地教他如何陈列书籍。他们虽然是通过发行人员而相识，但前辈们依然会直白地说，一切都听发行安排的书店肯定干不长久，必须早点学会自己选书、自己布置书架。那位发行人员还曾介绍做本地杂志的人给奈良，说他们虽然不是书店的人，但很了解书，认识一下会有帮助。而那些由此结识的杂志员工也会给奈良提建议，告诉他书架该如何布置、陈列。

"那位发行人员也很厉害，对鸟取本地的人际关系了若指掌，知道要在这里开书店，必须认识哪些人。托他们的福，我在起步阶段就很顺利，书店也一直开到了现在。这是单纯的事实。"

开业之后，周围的前辈也教给奈良很多东西。例如要掌握定期来访的常客每月的购书额度。如果每月要买15000日元的客人某个月只买了8000日元的书，应该是因为他没遇到中意的，必须想办法给他推荐；而当他某个月买的书超过15000日元时，就要提醒他稍微控制一下购书量。重要的是，要让他们持续购买。

刚开始，定有堂书店卖的是每家书店都有的品种，以此作为销售额的基础。但某一天，有位客人对奈良说："虽然你说开店是因为喜欢书，可这店里根本没什么'书'啊。"当时，周边的书店因为各种各样的原因接连关闭，郊外也开始有连锁书店进驻。奈良听从朋友的建议，从朝日出版社进了很多学术丛书，以此为中心，开始随机陈列各种读物，从大众读物到哲学书籍，这才渐渐形成了定有堂如今的规模。

奈良从未提起这30年来的销售额或利润，也没想过以此证明定有堂的价值。似乎是从某个阶段起，他便放弃了用数字多寡来定义书店的好坏。

"收入有盈余，能支付两位店员生活所需的工资，这就够了。收支管理当然也很重要，这部分是由我太太打理的。我自己开书店不想思虑这些。"

话虽如此，定有堂为何能稳定经营 30 年呢？联系周边的环境和我目前探知的情况来看，首先是因为定有堂书店有相当一部分的书迷和优质顾客，每月购书额超过 10 万日元的客人似乎也不少。另外，鸟取的图书馆与本地书店关系良好，这种情况在全国都很少见。其他地区的图书馆会以购书经费减少等为由，要求当地书店以尽可能低的价格卖书给他们；书店方面为了竞标，也会不惜给出明显会导致赤字的价格。但鸟取不一样，这里的图书馆与书店似乎还维持着健全的关系。

定有堂书店所在的三层的建筑，产权归奈良所有，房贷也已还完。对经营书店的人而言，这一点至关重要。书店行业原本就只有很低的毛利率，因此，房租这笔固定开销影响甚大。店里只雇了两位员工，且都是在此工作多年的资深人士。考虑到书店面积是 50 坪，他们的工作效率比其他书店更高。

也就是说，人际关系上比较单纯。奈良敏行让这样一家小书店充分发挥了它的优势。用他的话说，定有堂能有今天，是因为它开在鸟取，如果在东京，肯定一开始就不行了。我认为这是他的自谦之词，但对他而言，这大概就是事实。

谈到两位员工时，奈良若无其事地说："即使将来某一天定有堂开不下去了，要做别的生意，我也想请他们继续在店里帮忙。"

如果员工在工作中突然身体不舒服，奈良会开车送对方回家，对他来说这并不是出于好心，而是因为他把员工视为正式社员，而非临时打工仔，希望他们能在保险等手续健全的环境中生活。虽然很多公司经营者都把"员工即家人"挂在嘴边，但奈良好像并不觉得它是值得一提的方针。

翌日，我从JR鸟取站站内出发，中途买了东西，然后散步到一公里外的图书馆，还去了定有堂之外的四家书店，看到感兴趣的书就买，接着又去下一家店。最后看了眼图书馆和公文书馆，然后走回车站附近，去了丸福咖啡店——就是在这里，我迎来了鸟取的第一个清晨。

奈良说，定有堂能有今天，都是因为它开在鸟取。我只是在城市里散了会儿步，尚无法理解这句话的含义。几天前，与奈良共度的时间之余，我在鸟取沙丘附近的薤头地、奈良推荐的神社及神社内的小池塘边转了转，去了市外能当日往返的温泉，也到车站前带拱廊的商店街逛了逛。

从中获得的感受是，鸟取市中心的一切都比较粗糙。虽然不必跑去郊外的大型商场也能满足日常生活所需，但市内的高层建筑只有商务旅馆和几栋公寓。虽然有一些看似历史悠久的老店，以及面向年轻人的精品店，但整体而言，这里实在称不上时尚。稍微走一段路就能进入萤火虫成群飞舞的自然环境中，那里也是当地人的散步道。鸟取沙丘平时虽因络绎不绝的观光巴士而热闹非凡，但因为远离街市，城镇内并不感觉吵闹。正是因为当地保留了适当的"粗糙"，定有堂才能无比顺畅地融入其中。

除了定有堂，周边的其他四家书店也让我产生了购买欲望。有的店里陈列着品种丰富的畅销书籍，也有的店相当重视本地题材的图书。在某家店内，我向一位正在整理书架的女店员打听附近还有些什么样的书店，她说了几家，都是刚才我已经去过的。"定有堂书店很有名，是家很棒的书店哦。不像我们这儿，也就凑合。"那位女性笑着对我说。

我再次前往定有堂书店。今天没有事先与奈良约见，店里也看不到他的身影，我略感遗憾，但也放下心来。

但下一刻，我与一位男性员工对上了视线，我移开目光，心里有些不知所措。来了这么些天，那位店员想必已经记住我了吧。就这样一言不发也很尴尬，于是我问他："今天店长不在吗？"那位店员闻言道"在哦"，还立刻给二楼打了内线电话。我来不及制止，奈良已经出现在收银台左边的小门边，对我说"请"。

我再次走上二楼，来到初次与他见面聊天的房间。奈良刚才一定是在工作吧，但他还是对我露出一种等待已久的和煦表情。

我告诉他今天逛了逛周边的书店，还去了图书馆，某家店里有很多乡土类图书，某家店的店员待客态度很好……奈良跟昨天一样，把视线落在我脸部稍往下的位置。

"吉成去过了吗？"

吉成是车站对面的一个地名。奈良这句话的意思，是问我有没有去鸟取最大的本地连锁书店——今井书店集团旗下的吉成分店。昨天奈良曾经对我说"可以去那里看看，估计要花三小时左右"。我告诉他，那地方离车站稍微有些距离，稍后我再开车过去。

"其实，比起他们，我们这边真的是不值一提。"

这话听起来跟之前不同，稍有些冷淡，但或许是我想多了。因为这里是他生活的地方，所以他难免有些谦虚和害羞吧。但他明明已经搬过来住了 30 年。话说回来，奈良敏行眼中的鸟取，与井原万见子眼中的旧美山村、伊藤清彦眼中的岩手，似乎都不一样。

他换了个话题。

"昨天你问过我，为什么觉得开书店之前的事与如今无关吧，后来我回去想了想。"

他跟我初次到访那天一样，从水壶里倒了杯茶，把纸杯放在我面前。

"如果把这个看作是谈话的主题，"奈良放了张纸在前面，又把水壶放在纸的正中间，说，"这个就是所谓的关键词。"

"为了深化对关键词的解释，需要把作为主题的这张纸相应的部分拿出来谈，对吧。但与书店无关的内容不在这张纸上。我觉得应该明确指出这一点。"

我还是不太明白，为什么要把不在纸上的那些与书店无关的人生经历区分出来，就像它们不存在一样呢？虽然无法理解，但我意识到一件重要的事：人是无法简单用文字来描述的。

我站起身来，表示想在店里再逛一圈之后离开。

——可能会待得比较久，您不必招呼我。

"哎呀，其实你已经很仔细地看过了嘛。"

到头来，这天还是由奈良领着我在书架间转悠。

架子上用来展示封面的书跟昨天不同。奈良说，他保持店铺 30 年不倒的最大秘诀就是不能让人产生厌倦，这也是前辈们教给他的。充满热情的书店里，书架上的陈列每一天都在变换。眼下我看到的这个架子，明天也会改头换面。如果顾客只是想买书，只要书店还有库存，随时都能买到。在网上下单也能很快收到。等到将来按需印刷（print on demand）普及，书还能永远地存续下去。但书店里的书架有种一期一会的无常感，或许正因如此，才让人觉得，它需要被继承。

我拿了几本想在店里买的书，以及昨天没买成的书，奈良又为我介绍了几本。他说自己曾在京都滞留过一星期，逛了很多书店，其间决定要在鸟取卖京都的图书。而他在定有堂里精心推荐的，便是京都的出版社论乐社的书。

"啊，差点忘了。"奈良小声说。之前他提过几次的那位打过交道的前辈书店人，虽然已经不再经营书店，但曾经出过诗集。"我原本希望他站在书店人的角度写一本书，因为有很多值得记录的工作上的东西。有一天，他告诉我他出书了，拿过来的却是一本诗集。我琢磨着怎么是诗集呢，翻开一看，里面也有写书店的诗。是本不错的书……"这些好像是他前天告诉我的。

"这本书送给你吧。"

《诗集　在漂泊的旅途中》。奈良说要送给我，我疑惑地接过来，顺势浏览了这里的书架。原来是与"出版""书店""书"相关的区域，我问："里面卖得最好的是哪本呢？"话一出口，便觉唐突。在这家店里，"卖得最好"并没有意义。即使是在别家店里难得一见的奇书，定有堂也不会在意，对他们而言，重要的是这本书会到达什么人手上，这个传递的过程才是价值所在。奈良没有回答我的问题，而是问我："你读过冈部伊都子女士的书吗？"我答："家里书架上有一本。"确实是有，但还没读过。"这本书很不错哦。"奈良说着，抽出一本带函套的。

"那么，这本和这本卖给你吧。"

"这本和这本，就送给你吧。"

在书店里，一个书店经营者把作为商品放在书架上的书取出来送给我，从未有过这种经历的我顿时手足无措。到达鸟取那天晚上，他也给了我一本《想传达之事》。因为那本书是定有堂出版发行的，我有那么点获得出版社赠书的感觉，但今天确实让我承受不起。"不行，这是用来卖的，请让我自己买吧。"我说。话一出口，我又觉得鲁莽了。

在餐厅里隔着书堆与奈良交谈那晚，我给他看了马塞尔·莫斯的《礼物》，并请教他在经营定有堂书店的过程中，是如何活用其中的"礼物论"的。奈良的回答有些含糊。我的理解是，他一方面从当地顾客与书店前辈们那里获得了建议与帮助，一方面又不辞辛苦地为各种各样的人付出，这就是答案。

"这本书不用钱，送给你。"

这句简单的话或许也是他的一种回答。

不知是否看出了我内心受到的冲击，奈良的话很温和，而我又不自觉地说了蠢话。

"抱歉耽误您这么久，我这就告辞了。"离开书店前，奈良犹豫片刻，伸出手对我说："握个手吧。"昨天分别时，他也这样做过。奈良的手凉凉的，跟昨天一样。

我一面往车子所在的停车场走，一面反思，这几天真是说了太多不合身份的话。在二楼的办公室里，我告诉奈良想写一写他的事迹，奈良闻言笑道："真是奇妙啊。"

"我只是用一种招待朋友的心情跟你度过了几天，但这些时间也许会转化成文章。写作真是有趣的工作呢。"

人情练达的书店，和鲁莽的我。
细细想来，脑子里尽是类似的画面。

第七章　彷徨的男人

寻访"毫无特色的书店"

离开定有堂书店后，我向着车站反方向前进，去拜访今井书店吉成分店。在奈良敏行口中，它是鸟取市最好的书店。

到了那里，发现距离今井书店几百米的地方还有一家TSUTAYA。两家店我都进去逛了逛，确实有些不同。一家很明确地在为客人推荐"书"，另一家则只是按总部的指示把书摆在店里。

前者是好的书店，后者是糟糕的书店。

这是我的观点。但我也在想，即使如此又怎样呢？选择店铺的是一位又一位客人，两家书店都只是书的存放场所。虽然我很认同奈良所说的"书店有它的使命"，但眼下我又开始怀疑，自己究竟在纠结些什么。

我把车停在停车场，开始考虑之后的行程怎么安排。如果时间允许，我想去米子市见一个人。鸟取的书店与图书馆之所以能保持良好的关系，这个人大概也发挥了重大作用。但我致电后得知，他正在东京出差，明天才回来。如果我接下去没有别的计划，正好可以等他。但不巧的是，明天我约了井原心之小店的井原万见子在大阪见面。

于是我只好放弃去米子市，决定先完成之前遗留的某个课题再离开鸟取县。这个课题，就是奈良敏行的太极拳教室的学生——那位高中老师推荐的，到"堇食堂"尝尝他们的牛骨拉面。虽然只是推荐一家拉面店，但他想必也做过细致的实地调查。

菫食堂的拉面确实美味，店铺给人的感觉也和鸟取一样，安静不张扬。确认了这点后，我满足地出发前往大阪。刚过傍晚六点，天色已经暗了下来。我决定避开高速公路，走普通公路。距离大阪的中心区还有二百几十公里，即使放慢速度也能在深夜到达。跟井原约定的时间是午后，到达后还有时间能睡上一觉。

在时间充足的情况下，我一般都走普通公路，因为想逛一逛途中遇见的郊区书店。

我想探访的书店，是与TSUTAYA代表的国际连锁书店，或是本地连锁的郊外型书店完全相反的类型。即使是做书店特辑的杂志，也不会介绍这类沿国道分布的书店。原因大概在于它们从备货到接客方式都遵循着固定的模式，也就是所谓的"毫无特色的书店"。伊藤清彦只工作了三天就辞职的地方，也是这种书店。

当然，并不是所有沿主要公路分布的书店及那里的工作人员都无所作为，事实上，我也遇到过让人眼前一亮的店，店员很用心地布置了书架，努力让顾客感受到"书"的趣味。

不过，随着我停车入店探访的次数越来越多，也意识到，大多数情况下，这类书店还是令人失望的。究竟哪里糟糕？

想来是因为他们只会把发行商送来的书摆在固定的位置，毫无创新。这又为何令人失望？简单来说，整个环境就让人提不起劲儿。虽然卖场面积大，书也多，店员态度也不错，但看不到他们在每本书上花了什么心思。

最能突出这一点的就是漫画租赁区。所有漫画都被装进透明的塑料盒里摆成一列，像某种无机质物体，让人不快。书架上贴着便笺纸，纸上以礼貌的口吻写着不要把书从盒子里取出来看。有客人晃了晃盒子试图看到里面的内容，接着又粗暴地将其放回书架。也有人无视书架上的提示，把漫画从盒子里取出来阅读。店员从他们身后经过，却什么也没说。

漫画租赁方面，一开始是出版社考虑到漫画咖啡店等经营方式的发展，为了给创作者争取利益，而主张店铺应支付一笔使用费给作者。经过各种曲折之后，自 2005 年开始，日本的出版物有了租赁使用费。租赁的法制化，其实有利于以漫画出租为业的人，因为只要遵守规则，就不会得罪大型出版社，还能大大方方地设置租赁区。但遗憾的是，这种举措也造成了"书"的死亡。

可是，我又开始思考。

这又有什么错呢？不过就是有人在店里租借漫画，享受其中，仅此而已呀。

此前，我在札幌曾路过一家书店，原为本地连锁店，后被 TSUTAYA 兼并。进去一看，十分失望。书店仅仅是放置书的空间，店员没花任何心思在陈列上——例如告诉读者，某本杂志的最新一期特辑跟某本书配套阅读更好。因为周边再没有别的书店，可以想见当地的孩子在成长过程中，会以为那种店就是书店。

如今全国各地随处可见类似的书店，这不是个好现象。某一天，我在居酒屋滔滔不绝地抱怨这件事，一位在出版社担任营业部长的男性对我说："正是因为那种书店的存在，我们才能过活啊。你想，如果只有聘请了懂书的店员、自己也有一套经营原则的店才有资格称为书店，那全国够格的店铺恐怕不到现在的十分之一吧。"

——你的意思是，有这类书店比没有好？

"不。我的意思是，如果没有这类书店，出版社也无法维持生存。"

这也是现实状况之一。

我开着车在没有路灯的昏暗公路上奔驰，在即将离开鸟取县进入冈山县的时候，决定稍微改变路线，去一趟津山。那里有一家我曾拜访过的书店，奈良敏行也在谈话中提起过它。

我又开始思考，"毫无特色的书店"究竟糟糕在何处呢？

奈良敏行曾说，一味横向扩张并非书店的理想状态。虽然他没有以具体的书店为例，但像 TSUTAYA 这种无止境增加店铺数量的书店应该就是其中之一吧。

在全国各地开辟领地的零售业者们不只是开新店，也会关店。一旦哪家店有了收益失衡的苗头，就立即关张，另寻新的店址。他们称之为废旧立新（scrap & build）战略，并因此扬扬得意。废旧立新。在我看来，说起这个词时丝毫不觉脸红的从业者，不可能理解书店作为"书"的桥梁的重要意义。但这类书店也有其任务，有些书原本就是消费品，也需要一个场所供人消费。

仅仅供人消费的书，指的是什么呢？究竟该由谁来决定一本书是否仅有消费功能？是购买它的客人吗？当然，一本书的价值因人而异。同样的书在这家店里是宝贝，在另一家店里或许就是垃圾？确实可能。但"毫无特色的书店"里的所有书都是垃圾吗？那倒也不是。

在"毫无特色的书店"里工作的店员们，其中必然也存在立志成为"书"的桥梁、最终却没能实现的人吧。这或许该归咎于环境，毕竟伊藤清彦也只在那种书店工作了三天就辞职了。但也有人像抓住救命稻草般留在那里，最终改变了环境。

TSUTAYA 的招牌又出现在眼前。我停好车进入店内，三分钟左右就出来了。不管从哪个方面看，他家的店铺也多过头了。在日本国内无论去到哪里都是同样的招牌，确实会让人心生不适吧。这可以算是一个重大的社会问题了，多数情况下，这类问题并没有解决方案。事已至此，他们也不可能走回头路，而且他们也有自己的作用。但我还是觉得很怪异。店铺数量真的太多了。

"说得自己很厉害的样子，你难道从来不在 TSUTAYA 买书和 CD 吗？"我扪心自问。

至今为止买过不少，即便是心存芥蒂，往后也还是会在那里买东西吧，但我没有 T 卡[1]。每次店员都想怂恿我办一张，说"可以为您积分"，我已经听烦了。

在即将到达目标书店的时候，我经过了一家占地不小的古书店。我还是第一次见到这个招牌，回过神来，已经开过了。想来是一家独立书店，或是冈山本地的连锁书店吧。

我掉了个头，回到那里，停车走进书店。

这家店共有两层，一楼和地下室。一楼卖漫画、轻小说、动漫周边商品、录像带等。此时已是晚上八点半，店内还有几个中学生模样的女性顾客，20 多岁的男性客人也不少，可谓相当热闹。

进入地下室，能看到与一楼截然不同的风景。小说、美术类书籍、哲学书、乡土书籍，乃至杂志的过刊，一应俱全。

1　T 卡：日本全国通用的一种积分卡，参与企业众多。各家发售的卡片不同，但积分通用。

室内面积很大，似乎比一般的古书店品种更丰富。古书店常见的全集类用塑料绳各自捆好，上面夹了张黄色纸片，用马克笔写着"夏目漱石全集三十四卷全，岩波书店版"等等。我曾听一个古书店店主说，近年来随着出版社的再版、订购服务的普及，全集类图书大都被迫降价。但这家店里的图书定价整体都偏高。

地下室没有别的客人。书架间的通道上也随手放置了一捆捆的书，必须小心避开才能通行。在这些胡乱放置的书堆里，还夹杂着不少昂贵图书，例如几万日元的美术全集，或许这也是一种陈列设计吧。引起我注意的书全都很贵，简直像在阻止人购买似的。

不过，走到新书区一看，十几本《国家的品格》码在书架上，我抽出一本看了看，只要80日元。这本书最近刚突破百万销量，这家店却故意以低于100日元的价格销售，兴许自有其原因吧。《国家的品格》旁边放着十来本曾经的畅销书《"丢掉！"技术》。我也看了下价格，每本250日元。虽然搞不懂定价的标准，但这家店绝对在价格里隐藏了某种信息。

过了很久，地下室也没人来。我决定不再管那个摄像头，取下几本书坐在地上翻看起来。看累了就站起来做会儿体操，四下环顾。花了一个半小时把所有书架都浏览了一遍，我反倒不知道想买什么了。最后选了套国书刊行会的"巴别塔图书馆"丛书[1]拿去一楼结账，它细长的开本设计与水蓝色的函套令人印象深刻。收银台的女员工并未对我投来怀疑的目光。她问我是否要办积分卡，为了纪念与这家书店的邂逅，我同意了。

因为路上耽误了时间，到达目标书店时，已经有些晚了。这家店专卖新书，其中乡土类图书是主打，店内各处都有悉心的陈列。

差不多该往大阪走了。但没开出多久，我又看到了一家书店，于是停车进去逛了逛，没发现什么特别之处，几分钟后又出来了。时间不多了，我决定加速前进，但很快，眼前又出现了"书"的招牌，我只好再次停车。但还没等我下车，那家店便熄灭了招牌的灯光，一个店员模样的男人拿着清扫工具走出来，把它们放在店旁，又回到入口处，关掉自动门的开关，一边跟另一个女店员聊天，一边回到店内。很快，店内的灯光也熄灭了。此后我不再中途停靠，直接驶向大阪。

日本的书店很多。

这是因为这里爱读书的人在全世界名列前茅，更重要的原因是在经济高速成长期和泡沫期，出版行业出现了一股拼

1　"巴别塔图书馆"丛书：由博尔赫斯编选并为各卷撰写序文的"世界文学全集"的日译版，沿用了意大利原版的装帧设计。20 世纪八九十年代由日本国书刊行会出版。

命增设书店的风潮。直到现在仍有许多书店留存了下来，即使它们只剩下存放书这一功能。这些书店该如何维持下去，又会花多长时间慢慢减少，这想必也取决于整个行业的趋势吧。

在这样的环境下，作为"毫无特色的书店"员工，却仍想成为传递"书"的人，只能在各自的职场持续不断地进行微弱的抵抗。但这并非毫无意义，对书店员而言，书店的主力商品，是拥有改变读者人生之可能性的"书"，我希望他们能再次充满自信地说出，自己卖的是"书"。也许他们会因为自己工作的书店没有同样的追求而对其心生嫌恶，但我希望他们能克服困难，坚持下去。

针对奈良敏行提出的问题——"并非个体经营者，而是作为卖场负责人对书店的期望"，我也有些想法。经营者总归是要把指挥棒挥向某个方向的，但书店员只是卖场负责人，他们有责任将指挥棒往反方向调整。一位书店员传递"书"的行为，有时会比一家公司的沉浮更为重要。

第八章　问题男人

千草正文馆　古田一晴的高明之处

我出发前往大阪梅田邻近的中崎町。进城后，交通拥堵，行车速度也很缓慢。接近午后一点，我停好车，但尚未找到要去的那家书店，于是一边打听一边在某条小路上逡巡。那家店的名字过耳难忘，叫"书是人生的点心！！"，但我一路询问，却无人知晓。井原心之小店的井原万见子应该已经到了。

夏天探访了井原心之小店之后，我不时会通过电话或邮件与井原万见子联络，也在札幌和东京见过她。

札幌是我为了参加她的演讲会特地去的。主办方是札幌商工会议所，据说邀请井原的经营顾问不仅读过她写的《厉害的书店！》，还去过井原店里，于是我决定去看看。讲师除了井原，还有札幌"久住书房"的店主，久住邦晴。在不同行业经营者的汇聚之地，这两位小书店店主会说些什么呢，我对此也很好奇。

我提前一天到达札幌，拜访了久住书房在琴似[1]经营的古书店兼咖啡厅"苏格拉底的咖啡"，以及位于大谷地的久住书房。两家店的环境都很舒适，店内都有许多"书"。久住书房也是一家备受关注的本地书店，尤为著名的是其策划的书展"中学生给我读这个！书店大叔多管闲事的推

---

1 琴似：地名，位于札幌市西区。

荐"。受其影响，九州及东海地区的书店组织也办了同样的书展。

不过，久住书房的经营状况似乎并不尽如人意。我虽是突然到访，久住邦晴依然在他的咖啡店与书店里跟我聊了聊，说他目前面临的问题是书店的毛利率太低，必须想办法提高。

"我也已经59岁了……再努力，最多也还能活个10年左右，往后该怎么办呢，眼下我考虑的净是这些。"久住用沉稳的语气说。

继承人啊……虽然我有个女儿，但从没考虑过要让孩子继承，她的工作也跟书店无关。不过有个人……一个从小学四年级开始就积极参与"中学生给我读这个！"本地书展的孩子。他现在读高一，去年曾跟父母一起来找我，说有事想谈。

他说以后想在书店工作。目标除了久住书房不做他想，希望我能接纳。当时他还在读初三呢。

我顿时无言以对，不知说什么才好了。

虽然很开心，但也有些困惑。于是跟他约定，他先考上大学，到那时候如果还有这份心思，我一定让他到店里来。那孩子可踏实了，每个月都要读10本左右的书，还会写信给我介绍。看了他的读书报告，我也会跟他讲一些自己读的书，这种交流一直续着。算起来，他一年大概要读一百几十本书吧。前不久他到店里来，说正在考虑大学就读哪个方向，问我想在书店工作的话，什么专业最好。我告诉他，经济或者经营方向应该不错。

我很期待他未来的发展呢，真的。

至少要坚持到那个时候……我心里有这么个念头。

如今大家都一样吧，我们这家店也是，不知道能开到什么时候。也有过周转不灵、无法给发行商付款的经历。太艰难了，但没关系，会好起来的，我一直这样告诉身边的人。自信还是有的，毕竟身上担着责任，决不能这样简单就被打败。

伊藤清彦店长离开泽屋书店的事我也有所耳闻，对此也很在意。同为经营者，我想，泽屋书店的社长应该也有他的原因吧。但拥有经验和实绩的人是宝藏，能为后人做出贡献。札幌的书店行业如今也出现了资深店员接连离职的状况，大家应该想办法让他们重返书店前线，但要做到这一点，必须先要让书店经营状况好转才行。为此，果然还是要说回到毛利的问题。必须想办法让书店的毛利率增加几个百分点，至少上升到25%，但具体要怎么操作呢？我们办过各种文化教室，发现这种活动很难确保参加人员的数量。直接从发行商那里进货的书籍、杂货、文具、旧书，利润也都不高。

但一定还有别的办法，如果你有什么好的主意，请一定要告诉我呀。

札幌的演讲结束的两个月后，我在东京见到了井原万见子。这次她是为探望住院的朋友而来，还说要顺便去一家之前就打算去的书店看看。我毛遂自荐，成了她的向导。但有个问题，我虽然没去过那家书店，却对它印象不太好。那家书店的店主上过电视节目，也出版过好几本书，有一定的知名度，但围绕他作品的标签都是诸如"呼唤幸福的奇迹经营""吸引客人自动前来的书店"等关键词，活像是摆在商业书籍区域的自我启发类图书[1]。而我一直认为，这类书大都是合法的欺诈。

探望过友人后，井原在新宿站与我碰面，一起坐地铁去那家书店。途中，我们因为换错线路而坐过了离书店最近的车站，井原一边笑话我"真是个厉害的导游啊"，一边随我到了目的地。

进店后，我果然产生了一股复杂的情绪。确实，这是一家有独特经营理念、个性鲜明的书店，但书架上的书也的确是以那一类为中心的。出版店主作品的那家出版社的书都被

1　自我启发类图书：引导读者重新发现自我的潜能、变革自我意志类的书籍。

陈列在显眼位置，而它们也大都是那种类型。收录了这类作者们演讲的 CD、DVD 也摆在一旁。

　　与那个领域的书相比，陈列小说等文库书架的选品毫无新意。我想起伊藤清彦的那句话：书店的实力是由文库决定的。因为文库大都是单行本的再版，也就是内容已经被市场评价过的、有一定销量的作品。这就很考验书店员的能力：在单行本出版时读过多少、是否留意到卖场内的销量变化等等。如果是由阅读量大、对书十分了解的店员负责，文库类书架就会充满活力。所以才说，文库该由王牌级店员负责，也只有文库能迅速检验出王牌店员的实力。

　　井原一边喃喃自语，一边在店内转悠，说着"原来要这样摆放啊""这本书好有意思啊"之类的话。我毕竟是陪她来的，所以准备等她逛到满意为止。过了一会儿，一位工作人员过来跟井原搭话。此前我好像也在哪里听说，这家店的特征之一就是店员一定会跟顾客寒暄。但不知为何，没人过来搭理我。

　　在店里待了半个多小时，井原买了几本书，我们便离开了。往车站走的路上，井原说："学到了不少经验呢。"我反问："是吗？"但又不知接下去该说些什么，只好沉默。井原见状笑道："你刚才看起来都快吐了呢。"其实在前一天打电话约定见面地点和时间的时候，我问过井原为什么想去这家店。井原一直心系家乡同胞，想为他们做点什么，说这次拜访这家书店也是出于这个原因。即使如此我也无法认同，明明还有那么多好书店，为什么非要来这家？

"我学到了很多经验哦。"井原不断重复着这句话。

"说实话，平时我没什么机会逛其他书店。在东京或是大阪，都有很多悉心经营卖场的书店对吧，能去那些店里转一转，对我也是莫大的启发呢。"

是啊。我总算想通了些。井原在那片被雄伟自然包围的村落里开着一家孤零零的书店，对她来说，逛书店的机会无比珍贵。

"自我启发类书籍又怎么样？它们算好书还是坏书，我不会从这方面考虑。毕竟我们无法预测一本书会带给读者什么样的启发呀。"

她这样一说，我才意识到自己的想法过于片面了。如果她对书有了明显的好恶，井原心之小店或许根本无法在那个旧美山村生存下去吧。

我们在大阪约定的会合地点"书是人生的点心！！"是家新店，今年夏天刚开张。从井原那里听说了这家店背后的故事，我便向她提出同行的请求。

当地有位男性，曾四度探访井原心之小店。第一次是在他作为书店员为工作而发愁的时期；第二次是他工作的书店关门，他失去工作、人生失意的时期；第三次是他决定重返书店、找到新工作的时候；第四次是他带着几位同事一起去的。可以说，他在生活中各个关键节点，都去拜访了井原心之小店。

这一次换成井原来到大阪府茨木市，去拜访他工作的地方。他得知此事后，提议井原到店前先顺路去另一家书店，鼓励一下独自经营店铺的那位年轻女性，那家店就是"书是人生的点心！！"。由于井原只能在每周三的定休日离开自家书店，所以这一天的计划是先去"书是人生的点心！！"，然后直接前往茨木市。

"书是人生的点心！！"通称"书点心"，位于中崎町一栋名为"巢箱居"的小型二层建筑底楼，从梅田站出发，步行即可到达。这栋建筑很像是一整家店铺，但内部空间划分得很细致，除"书点心"外，还有三家店开在里面，确实像是个巢箱。

我到得有些迟了，井原已经在店里跟其他人谈笑风生。这里比原田真弓那间只有五坪的日暮文库还要狭窄，但进店的瞬间，我便感受到某种激情。不只是因为人多嘈杂，更是因为整个空间都被书填满了。来访者除了井原还有另外两人。其中一位是身兼杂志编辑与作者身份的女性，她和我一样是追着井原万见子来的，另一位是男性，在附近经营一家名

Arabiq 的古书店。

　　我与店主坂上友纪打了个招呼。她是一位小鸟般的女性，如果摆出 100 个人的照片做问卷调查，让大家选出最适合在巢箱居里经营"书点心"这种迷你店铺的人，那她肯定能得第一。据说她曾在 JR 旗下的 BOOK KIOSK 等书店工作过，今年 8 月开了这家店。

　　店内陈列的书多为旧书，也有直接从出版社进货的新书。明信片等杂货类也有，商品构成与日暮文库相同，但三坪的面积只有日暮文库的一半多。

　　我很快意识到为何这里会给人一种书很多的感觉，因为店中央有个从天花板往下倒挂的书架。如果要在如此狭窄的店内中央放置书架，客人想必连转身都困难，但倒挂的书架固定在屋顶，下面留出了空间，不会妨碍客人通行。而且无论站在店内哪个位置，必然会看到天花板上倒挂的书架与任意两壁的书架，这样就营造出了一种书很多的印象。环绕在玻璃窗边的木架也被用作书籍陈列，但另一方面，店内的杂货区又给人一种放松之感，整个空间的设计可谓张弛有度。

　　贴在书架上的手写广告也使用了彩色的纸张与文字，丰富了店内的视觉效果。店长坂上友纪的打扮更是让人眼前一亮，绿色唐草花纹的外套让她自身也化作一幅可移动的手写广告。

　　最让我感兴趣的是店内书籍的陈列，其中最显眼的是历史小说与非虚构类翻译作品，着重视觉效果的书反倒很少。可以看出，她想彰显的是"书"本身，色彩感与空间设计只是用来突出书本身的。

从出版社直接进货的新书中，也有一些超大型出版社的书，我很好奇她是怎么让对方同意发货给她的。一问之下才了解到，她是直接打电话给那家出版社登在网站主页上的号码，表示想跟某本书的责任编辑沟通，联系到编辑后，她真诚表达了自己对那本书的热情。店内的新书据说大都是用这种正面突破的方式争取到的。像"书点心"这种在发行商那儿开不了账户的极小型书店，如果想直接进购新书，不同的出版方会给出不同的回应。一般会有一些严苛的附带条件，比如不能退货、一次必须购入多少本多少金额等，但出版方好像也很少拒绝他们订货的请求。

店内陈列的历史小说中，也有当时经泽屋书店的田口干人策划而在全国各地书店走红的《安政五年的大逃亡》的旧书。"哇，你这里也有这本书啊。"我指了指它。坂上问："您也知道这本书吗？"然后向我描述了它的有趣之处。听着听着，我心生疑问，于是告诉她我为何会注意到这本书。但她从不用推特，似乎并不知晓田口在网络上的一系列操作。

"这样啊，真厉害。但我是个很老派的人……虽然给'书点心'开了博客，但开业没多久，便以'一个人一天只有24小时''我会用我自己的方式继续努力'等为由，暂停了更新。最初也是因为朋友建议我在网上做做宣传比较好才开始写的。"

她略带兴奋地说着，表情很愉快，那种自然散发的纯粹与明朗很容易让人产生好感。

书架上，新书与旧书混杂在一起，或许是因为空间有限才这样摆放的吧，但她好像也并不在乎。或许会有人说，这完全是外行的陈列方式，会让客人感到混乱，但我觉得未尝不可。她还年轻，在其他书店工作的经历也有限，却也因此得以逃脱既有的规则与习惯的束缚，这对她未必不是一件好事。

这就是书店的起点吗？

三坪的空间充满了活力，不禁让我生出如此念头。

当然，春风得意的时间十分有限。开业没多久，"书点心"里的旧书渐渐变成以坂上自己的藏书为中心，要想把这家店经营下去，她要接受的考验才刚刚开始。店内布置与书籍陈列想必都要经历不断的试错吧。店铺所在的巢箱居目前已经老旧，正面临改建或推倒重建的情况，可以想见，"书点心"或许很快也得另觅新址。

"我们差不多该去茨木了……"井原说着，从包里取出一本绘本。

"我给大家读一本绘本吧，作为今天的谢礼。我能做的也只有这些啦。"

那本书叫《古仑巴幼儿园》，讲述了一头从小孤独爱哭的小象古仑巴踏上旅途、从事各种工作后终于找到自己职责的故事。

坂上站在井原的正对面十分认真地听着，没露出任何疑惑的表情。

故事结束后，井原合上绘本，坂上开始鼓掌。

我一边随之拍手，一边问身旁的 Arabiq 店长"觉得怎么样"。他没直接回答我的问题，而是说："大概因为我是在农村长大的吧，小时候从来没人念故事给我听。"我也一样，如果没在旧美山村见到井原读绘本的场景，想必也会对此产生不解吧。

目睹了井原在车站、学校等地给孩子们读绘本的场景之后，我渐渐理解了。对她而言，读绘本就是送给他人最好的礼物。她相信"书"有着特别的力量。井原开始经营井原心之小店时的年龄与坂上差不多，如今她给坂上读绘本，想来也是借此将某种类似言灵[1]的东西传递给她。

离开"书点心"，我们有幸在当日休业的 Arabiq 店内也

---

1 言灵：在古代日本，人们相信语言文字中寄居着神灵，是泛神论的一种表现。

逛了逛，之后我便与井原以及那位编辑兼作者的女性一同前往茨木。到达目的地后，那位四度拜访井原心之小店的男士正在店内等待。这是一家刚进入图书行业的新书店。男士原本在三重县工作，听说这里新店开张，正在招聘店员，便抱着希望移居到此处。

虽然见面机会难得，但这天他并没有太多时间跟井原闲聊，一会儿要去收银台为顾客结账，一会儿又被其他店员叫去仓库帮忙，十分忙碌。好不容易回来了，他不断道歉，井原却说："没关系呀，这很好。今天我就是来看看你工作的地方的。"

编辑兼作者的那位女士因故先离开了，井原也担心能否赶上当日的特快列车，整个人有些焦虑，于是我提议开车送她。井原说"那真是麻烦你了"，开始边走边打量宽敞的卖场，跟那位忙里偷闲走过来的男店员站着聊了会儿天。

偶然得知那位男性与我同年出生，我便对他产生了某种亲切感。他为了继续在书店工作，不惜移居他乡，但似乎也仍在探索自己做出的选择的意义。他说："井原心之小店必须一直开下去，开到 100 年后。"从他的言语中也能听出，他试图通过井原万见子寻找自己心中那个问题的答案。

"有什么推荐的书吗？"我问。他的回答让我和井原相视一笑。是刚才在"书点心"的时候，坂上也很推荐的《安政五年的大逃亡》。井原在坂上的推荐下买了一本。"卖场真的很大啊。"井原感叹道。而我还有件挂怀之事：刚才他推荐了这本书后，喃喃地说自己还没看过，但我之前想问的其实是，在他看过的书里有什么值得推荐的。他说自己目前负责的是学习参考书、建筑、医学、电脑等图书类别。很久以后我回想起这天的事，才意识到当时应该问他，在这些书里有没有哪些是想作为大众读物卖给顾客的。因为他简直就是奈良敏行所说的那种"卖场负责人"，不知下次与他见面，又是在什么时候。

与他告别之后，我和井原开车上了高速路，驶向和歌山县的日高郡。她把自己的车停在了当地车站前的停车场。原本的计划是在此分别，但后来我改变主意，想去见见她的丈夫井原和义，于是跟在她的车后驶入山路。井原和义邀请我去了夏天我们喝过酒的居酒屋，说要感谢我送他太太回来。

这一天我本打算开车回大阪，所以一开始没有喝酒。第二天要在大阪与奈良介绍的木元健二——《我的鸟取》的作者——见面。但井原和义一直劝我，没关系的，喝吧，我也渐渐抵挡不住，点了头。见状，他立刻打电话给井原心之小店旁边的爱德庄帮我订房间。因为是隆冬季节的工作日，旅店一般都有空房，但不确定他们是否做好了待客准备。果然，店主说房间可以住，但没有烧洗澡水。井原回答说没关系，晚上烧好，明早起来能洗就行。挂断电话，他端起容量为一升的日本酒酒瓶给我倒酒。

当晚，他又试图说服我参加三个半月后的私营马拉松大会。我再次持保留意见，心中却觉得逃不掉了。这个男人的邀请让人难以拒绝，仿佛拒绝了就会遭报应似的。

第二天早上，我在井原夫妇家门口与他们道别，正要上车时，井原万见子说"等一下"，跑回屋里拿了本书出来。

"这本书，我之前就想着要找机会送给你了。"

她手里拿的是我们在东京一起探访的那家书店店主所写的书。这是想告诉我"无论什么书，都不要从一开始就拒绝"吗？因为此前在鸟取做了太多鲁莽的事，这回我引以为戒，在表示感谢后接了过来。书里夹着张照片，是井原心之小店附近的杜鹃花绽放的瞬间。

突然刮来一阵强风，周围的树木落下许多枯黄的叶子。季节流转，腊月已经来了。

四天后，我去了名古屋。

首先拜访的是一家名为"斑马书房"的古书店。进门的瞬间，就意识到这家店"书"也很多。大门左侧是集中摆放岩波新书的书架，右侧是文艺书书架，陈列着三岛由纪夫等人的单行本旧书。店内还有其他几位客人，店主模样的男人正在跟一位30多岁的男客人聊天。我不好意思过去打扰，于是决定先逛一逛书店。虽然心有愧疚，但还是不小心听到了两人的对话。男客人似乎在其他地区经营着一家书店，很羡慕斑马书房拥有遍及男女老少的客户群，说自己店里几乎没有年轻女孩光顾。

"不过，店里摆的都是好书呢……我自己虽然是开新书书店的，却没怎么逛过别的新书书店，感兴趣的都是古书店。"

"啊，可以理解。"

"开店之初，你有参考哪家店吗？"

"没有。那些风评很好的店我都没去过。因为知道它们一定很好，去了就免不了受到影响开始模仿，我讨厌模仿。即便不小心跟某家店做了同样的布置，我也希望是出于偶然。"

"不过，参考一下那些店，争取做出不同的风格不就行了吗？"

"嗯，但那也是种影响。"

"倒也是。"

男客人毫无顾虑地问了店主许多问题，例如"这本罕见的书是如何进货的"等等，之后表示自己可能还会再来，便与同行的另一位男性离开了。

这家书店的氛围跟我想象的有少许不同。本以为布置会更加时髦，但类似的要素都让位给了一本本书的展示。虽然也有彰显店主趣味的角落——例如店内一角放了个敞开的旅行包，里面塞着关于旅行的书籍——但整个书店给人的印象还是对"书"本身的重视与表达。这点跟大阪的"书点心"一样。我在札幌时曾去过一家由年轻店主经营的古书店，那是个排除了一切时尚元素、带有怀旧气息的书店，越往店内走，书架上的高价专业书越多。店主穿了件起球得厉害的毛衣，头发乱蓬蓬的，但待客态度十分友好。看到他们，我不禁怀疑靠"时尚精品店"风格走红的古书店时代即将走到尽头。这些店铺并不以空间设计或陈列之美来吸引顾客，而是将"书"本身的魅力作为前提，店里也都飘荡着这种确信之感。

斑马书房的店主铃木创生于1973年。二十几岁时做过自由撰稿人和一些别的工作，几经辗转后进入一家古书店打工，2006年开了自己的书店。2008年起，一直是名古屋举办的书展"Book Mark 名古屋"执行委员会的中心成员之一。

"最近我意识到必须关注新书业界了。我们古书店经营的大都是十几二十年前的书，也就是说，现在出版的书在10年、20年后会出现在这里。但前提是，书的流通跟从前一样连续不断。看起来好像理所当然，但如今的出版社究竟在做什么样的书，新书书店又是怎么卖的？这些问题与我将来的工作息息相关。在我所见范围内，10年、20年后仍有价值的书很少。此外，古书店的存在确实离出版市场较远。我也读过今泉正光先生的《"今泉书架"与LIBRO时代》，当然受益匪浅，但里面描述的世界与我所在的古书行业太不一样了。"

他似乎是想站在古书店的立场，思考能否给新书书店带去一些新的刺激。当然，名古屋有丸善这类大型书店，新书市场仍然大有可为……但他想说的并不是古书店行业比新书市场更厉害，而是新书市场也有其局限。

未来我最想做的事，是设计一些能充分发挥古书店特质的书架。干这行，我认为最可贵就是能继承个人的藏书，尤其是收到逝者家属的通知，希望我们上门去处理藏书的时候。藏书里保存着一个人阅读与收集的历史，从硬知识到大众类读物，也是那个人购书的历史。让下一代人继承这些书，是件很有意义的事。可以的话，我想将那些书原样重现在书架上。如今的店铺面积不够，但愿将来能另设一个房间，以K氏的书架、Y氏的书架，这样一种形式再现他们的藏书。如果展示方法得当，那些书真的能释放魅力。

本店的卖点虽然是选书，但作为古书店，也有些别的想法。将书与人的历史传递给下一代，成为桥梁般的存在，这才是经营古书店的有趣之处。

"书点心"的坂上友纪也说过类似的话。她没有加盟古书组织，只从客人那里购入旧书。但客人带来的书毕竟不全是店主想卖的，备货状况大概也不太理想吧。我这样说了，她却表示，客人带来不同的书，书架也会随之产生变动，跟客人一起不断改变店铺特色是件很有趣的事，或者该说，她希望今后也以此为方向调整自己的书店。

铃木的表达流畅易懂，是个能从宏观上描述书店魅力与存在价值的人。我告诉他，明天我约了"千草正文馆"的古田一晴见面，铃木笑着说自己已经听说了。他与古田的交流似乎很密切。千草正文馆与斑马书房之间隔着四站地铁，两家店都在广小路沿线。

"以前，我们店里做对谈活动的时候，一个新书书店的店员突然冒出一句话：'在名古屋开书店，最后都会遇到古田这个问题吧。'闻言，在座的人都笑了。古田店长的存在，在名古屋就是如此深入人心。不管有什么新企划，大家都会想，古田店长是不是已经做过了，说他是业界的天花板也不为过。对我这种外人，古田店长也很温和，总是坦诚相待，于是我也经常厚着脸皮去请教……或许正因为我是开古书店的，对他来说反而比其他新书书店的人容易亲近吧。"

据说，名古屋的年轻书店店主中间有一股"后 Valavan"（Post Village Vanguard）潮流。1986 年开了一号店的"Village Vanguard"如今已将分店开遍全国，与其说它是书店，不如说它树立了一种"village"（村庄）般的独特业务生态。这与存在于眼前的"天花板"古田一晴不同，因为"村庄"的存在，名古屋才拥有了"产生一切可能"的土壤，我们必须继承这种土壤，更加自由地发挥自己的价值——听闻铃木曾与名古屋的书店业伙伴们进行过这样的对话。

我没有事先联络便来到了斑马书房，但此行访问名古屋的主要目的，还是与古田一晴见面。

千草正文馆虽然也受到流通体系的整顿与行业内部追求效率的影响，呈现出一种新书书店都有的汲汲于营生的忙碌氛围，但另一方面，也给人一种冷眼等待这种势头过去的从容感。进店后，哲学思想类书籍、艺术类书籍好似理所当然地陈列在眼前，这种彰显店铺特性的硬派姿态，在当下的时代潮流中已越发罕见。20多年来一直负责打理这家店的，就是古田一晴。

在这次名古屋之行的两个多月前，我得到一次难得的机会，与原LIBRO的今泉正光及古田一晴同行，造访泽屋书店前任店长伊藤清彦的家。今泉正光住在长野县，让名古屋的古田一晴与长野的今泉正光共同前往岩手县一关市，听上去有些强人所难，但此事最终得以实现，多亏了与这三人各自有着密切交往的出版界人士。

此前，今泉分别与古田、伊藤熟识，而古田与伊藤这是第一次见面。今泉生于1946年，古田生于1952年，伊藤生于1954年，三人的年龄各有差距，但最年长的今泉却并不因此而拘泥，整个谈话过程和睦且愉快。以书店论为中心的谈话一直持续到深夜，一旦主题开始涉及书的知识，我就很难再跟上他们的节奏了。这三人都拿出一副有过辉煌战绩的书店员模样，言谈中透露出共通的自尊，即以不了解某本书为耻，如果不了解就立即请教，并试图弄明白。

伊藤称今泉为怪物，对他心怀尊敬，说自己敌不过他。这话并不是因为今泉在20世纪80年代、90年代期间，曾让LIBRO一举成为营业额激涨的知名书店，而是因为他在两人至今为止的交往中，得知了今泉在那期间做过些什么。

举例而言，如何保证想要的书一直有库存，是书店日常都会遇到的问题。我是托关系、打电话直接跟出版社的库房确认。因为库房工作人员中，有人能够明确把握哪些书已经断货了，知道其他书店的退货什么时候到库等等。由此，我就能了解书的在库状况。然而今泉先生在LIBRO活跃的时代，是要亲自去库房检验的。找那里的工作人员确认有没有货，并让人拿给他看，有的话就直接带走。像这样，他是直接通过与库房的人交流来确保想要的书库存充足。

假期里他似乎也不怎么休息呢。或是见作者，或是会见专家，学习自己负责的书籍领域的各种知识，还会把学习资料与销售额相关票据带回家整理、分析。想来那些东西的数量也不会少。每当有人问起这些，他便会自问般地说：我竟然做到那种程度了吗？

伊藤之所以尊敬今泉，是因为他付出了巨大努力。没有什么能胜过纯粹的努力与热情，这个极其简单的道理是他从今泉的实际行动中学到的。

古田的视角与伊藤稍有区别。他当然也很尊敬今泉，但态度略有不同。

因为今泉正光是个健谈的人，一旦开始说话就容易没个完，因此谈话偶尔也会变成他的个人演讲会。与之相对，古田一晴是个话少的人。两人坐在一起，说话的比例大约是20∶1。话虽如此，古田的发言却都很引人注意。当今泉说到他在 LIBRO 时期通过书架与客人进行交流的实践时，古田突然开口说了一句话。

"我现在依然是这么做的。"

20 世纪 80 年代，浅田彰的《结构与力量》（劲草书房，1983 年）成为现象级畅销书，与"后现代主义"等关键词有关的人文类书籍销量飞速上涨，那个时代书店里的书架，对我而言已成传说。因为在如今的书店里，已然看不到当时的书架所继承下来的谱系与脉络了。很难说它是因为没有继承的必要才终于断绝，还是因为某种重大缺陷而没能被继承下来，对此，我的解释是，时代潮流使然。伊藤对今泉的敬意，也是源于这位书店员压倒性的努力程度，正因其普遍，才能至今仍使人共鸣。

不仅仅是人文类书籍领域，现今大多数新书书店的陈列，都无法呈现某本新书所处的知识体系与发展脉络，书店沦为数量浩大的图书生存、死亡的场所。虽然凭一己之力重点推销某本书的书店员也是在与图书业的现状做抵抗，报一箭之仇，但这种方法也离呈现书籍的谱系一事越来越远。一切书籍都是在过去的基础上写就的，"书"的这一基本条件没有在卖场中体现出来。我之所以开始对古书店产生兴趣，或许也与这个有关。

古田一晴说，他现在依然是这么做的。也就是说，"书"的谱系如今仍然存活着，过去与现在间的通路并未断绝。古田将这些统统展示在了包括年轻人在内的千草正文馆的顾客眼前。

这意味着什么呢？我之所以前往名古屋，就是为了探寻这个问题的答案。我致电古田的时候，他说眼下因出差不在店里，于是我们约了第二天见面。为了方便参观，我趁他还没回来这天，作为客人进了店。

千草正文馆不只是一家专卖人文类书籍的店，店内还有几处像是专门用来放星座占卜类书籍的区域。话虽如此，销售的主体还是人文书、艺术书，以及文学类而非文艺类的书。

"为了让客人了解所谓的谱系，我故意塞了些品相比较陈旧的书在书架上。所以偶尔会听到客人问，这里是古书店吗？"

在一关市，古田曾说过这样的话。确实，书架各处都能看到腰封和封面已然褪色的书。

在我寻思着这家店到底摆了些什么书的过程中，渐渐发现这家店不摆什么书更为明显。古田说过，一个领域内有最关键的书籍，也有集结了前人智慧而登场、成为该领域新支柱的重要书籍，设计书架陈列，就是要让顾客在从那本已成支柱的图书往前追溯时，能轻松找到接下来该读哪本书。我一边看一边走，虽然没有把握说自己完全理解了这话的意思，但有一点显而易见，那些短期内销量很好但内容经不起考验的新书都没有出现在店内的书架上。很多其他书店都会卖的书，这里也都看不到。

我环顾四周，客人们都一脸严肃地打量着书架。可见，这确实是家必须打起精神逛的书店。

第二天，我照样先去了斑马书房。连续两天进入同一家古书店很有趣的一点是，书架上的陈列与昨天有所不同。当然，古书店的书基本都是每种只有一本库存，一旦卖掉一本，就会用别的书去填补空隙。这一来，这本书两侧的书连带书架整体，都变成了与昨日完全不同的状态。

此时，我想起在福岛南相马参观的图书馆，以及昨天离开千草正文馆后，在百货商场内见到的新书书店。在南相马市立中央图书馆里，因为被抽离书架后的图书还会再次返还，为了保留这些放置空间，这家图书馆让我见识到对书架上这类空间的灵活使用。

与图书馆、古书店相比，新书书店好像有些吃亏……我总是容易产生这样的念头。因为新书书店的书架陈列往往反映了发行商与出版社的意志与考量。发行商与出版社没有库存的书，新书书店也进不到货，相反，它们也会用一部分平台去展示发行商与出版社需要展示的书籍。古书店与图书馆的性质使它们能够配合顾客的需求改变书架的陈列，但新书书店不同，一不留神就会导致卖场满足不了顾客的需求。

像定有堂书店这样的，虽然是新书书店，却能时常随着顾客动向改变书架陈列，我对他们心怀敬佩的同时，大概也将他们的努力视为了理所当然。这是因为我还不了解，一家拥有独立意识的书店为了维持其主体性，需要遵守多么严格的规范。

离开斑马书房，我又到另外几家书店转了转，傍晚时分才前往千草正文馆。虽然没有事先告知具体时间就突然出现，古田一晴却仍是一派从容地表示，眼下他正好休息，并邀我到咖啡馆小坐。书店的人总是这样，无论谁什么时候到来，他们都以一种"正等着你"的态度相迎。虽然也可以说这是服务行业人员该有的态度，但我每次都会因此而默默感动。

"我想知道书店的书架是如何联结过去与现在的。"我说。

首先要说一句，不管是很快就会失去市场的书还是别的什么，该做的工作都得做。

就算是刚出版的明星写真集，我也会把资料和数据交给店员，让他们去进货。当然，这类书是无法联结过去和未来的，怎么都不可能。比如超译[1]版的尼采[2]，那种书绝不能放进人文类书区。虽然眼下很多书店都是那么做的，但这类书看过就会忘，无法为读者打开知识的大门，在整个知识谱系里也毫无立足之地。所以把它们当作单品书就好，啪啦啪啦摆上书架，卖完就结束。这种方法对大家都好。

1　超译：21世纪前10年开始流行的词汇，指用简明流畅、通俗易懂的语言翻译外国作品或古典作品。与忠实原文内容与语感的"直译"、注重原文内涵但不拘泥于文面的"意译"不同，"超译"存在脱离原文自行发挥的部分，接近中文语境中的"编译"。

2　指白取春彦的《超译尼采》（Discover21，2010年）。据说出版一个月，销量便突破10万本。

那么，能为读者打开知识大门的书是什么样的呢？古田给出的例子是《东京大学的 Albert Ayler　东大爵士乐讲稿》（菊地成孔、大谷能生著，文春文库，书中有《历史篇》与《关键词篇》）。

大谷讲授的内容虽然是以村尾（陆男）的《爵士诗大全》为基础延伸的，但他自己也下了很多功夫。他有爵士乐的基础，也为此进行了充分学习，这是大前提。此外，这本书拥有很强的表现力，能让对爵士乐一窍不通的年轻人从中学到东西。一开始完全不懂爵士乐的人也能跟上节奏。其中定然会有人爱上爵士乐，对此产生好奇，接着迈入下一个学习阶段。这些年轻人在努力理解老师教授的东西，那么，接下来该给他们介绍什么书呢？思考这些问题，就是书店的价值所在。

"最近有没有什么好书？"每个时代都会有人抛出这样的问题，但这个说法不对。因为像大谷这样有趣的人并不罕见，毋宁说在如今这个时代，有趣的人比过去更多。20世纪90年代前半期，整个出版行业都比较平静，像是在朝着现在助跑。当然，那个年代也不乏有趣的读物，例如初期的《Quick Japan》（太田出版社）等。在新事物层出不穷的年代，好书也许反而不易出现。而如今这个日渐匮乏的时代，倒是涌现了不少有趣的书。

因为我这个人只会挖掘自己觉得有意思的书。

虽然邂逅大谷那本书已经是很久以前的事了，但他确实与众不同。要说有什么不同，就是他对自己做的事充满热忱，并会围绕它学习各种不同的知识。只要把握了这种源头型的作者，以此为中心向外搜寻，就能清楚地看到过去与未来间的联结了。使用网络搜索也是一样，如果没有事先学习、了解相关内容，单纯输入文字也找不到想要的东西。

书店也是一样，只要跟这种源头型的人一起努力，自然能找到受众。事实上，在其他书店完全卖不出去的书，我们店也能把它卖成畅销书呢。虽说我只挖掘有意思的书，但也不代表我只会把自己想放的书摆在书架上，最终导致它们卖不出去。

听着古田的解说，我产生了一种书店并未面临任何危机的感觉。虽然他自信满满地说自家店里卖的书跟别家不一样，但千草正文馆仍然是在如今的新书流通体系内生存，这一点跟别的书店一样。难道它没有遭遇过即将被浪潮吞噬的危急时刻吗？

古田笑着说，他相当擅长预测可能畅销的书。

迈克尔·桑德尔（Micheal Sandel）谈正义的那本

书[1]，在引起市场反响之前，我就意识到它很有畅销的潜力。因为发行商很需要这类消息，所以我总是推荐一些值得留意的书给他们。但那本书在我们店里也跟刚才提到的明星写真集一样，卖完就结束。说实话，就算下次电视上重播这个讲座，我们店也不会再卖了。

给发行商提供的信息多了，他们就越发依赖我的建议，希望我告诉他们卖哪些书能先声夺人，他们发货过来，我们负责销售。其实就是想把我们的店变成他们的附庸。说实话，这毫无意义。

"我还有点工作没做完，先回去一趟。之后我们再碰面吧。"

古田先离开了咖啡厅，我留下来反刍他的话。如果他的话属实，就难以成为我的参考对象。长年积累下来的读书量、知识与经验是他经营店铺的基础，同时，他身上还存在某种天赋的才能。

在约定的时间，我又去了古田的店里，待在以《东京大学的 Albert Ayler 东大爵士乐讲稿》为中心陈列的音乐·艺术类书区消磨时间。古田拿了几沓当天的收据过来，给我示范如何整理。"大致可以分为需要再进货的书、卖完了的书、

---

1 应该是指 2010 年 12 月出版的《在日本谈正义》（含 DVD 光盘，早川书房），收录了迈克尔·桑德尔在东京六本木举行的夜间特别讲座的内容及视频。

需要留意的书吧。这本要重新进货，这本那边还有一堆，这本不用管，这本上午也卖了一本，所以今天是第二本了，啊，这本也卖出去了……"确实，里面有不少几千日元的图书票据叠在一起，其中还混有超过一万日元的高价书。如果是在大型书店，这个程度的销售额应该很常见，但千草正文馆的卖场不过 100 坪左右。

我转身看了看后面。这一时期人文类出版社联手在全国各地书店出展的图书展台，被放在一个不太起眼的角落。"这个不行啊，还是早点撤掉的好，"古田喃喃道，"我可是很了解这些书的，不久前刚出版，连书衣都没换就拿来出展了。我是出于情分才在这里稍微摆一下的。"

差不多该离开的时候，昨晚我也见过的一位连锁书店店长来了。他大概也是想从古田身上偷学点经验吧。我们三人一起去了古田常去的店里吃饭。

考虑到这位朋友的加入，我抛出了中间管理职务的难处作为话题。连锁店店长当然有这方面的困惑，就连言语直爽的古田一晴，也不过是公司雇用的一个员工。

"我其实有段很愉快的经历呢。"古田说。

1996 年，古田为了纪念《书的杂志》[1]创刊 20 周年，邀

1 《书的杂志》：以书评、书籍介绍为中心的月刊信息杂志。除了根据个人口味甄选的新书介绍，还有从书店、古书、出版广告到书籍装帧、文案等与书有关的周边信息，是一本读者参与型的杂谈性质的杂志。

请椎名诚、目黑考二、泽野均、木村晋介四人[1]到店举办了一次豪华的签售会。千草正文馆虽非大型书店，但从创刊后的第二本开始就一直销售《书的杂志》，在这家店举行签售一事也引起了大众的瞩目，据说当天为了签名而来排队的客人在店内绕了好几圈，可谓盛况。

不过，据说在举办签售会前夕，古田被当时的社长暨千草正文馆创立者谷口畅宏狠狠批评了一顿。

　　跟杂志方面聊起这个活动时，我就自己做了决定。来不及请示社长也是原因之一，总之我把流程之类的全部计划好以后才向他报告。他听完就发火了，因为他觉得不该投入那么多精力去卖这种流行读物。当时椎名诚正受大众追捧，当然，我之前也已经预料到了，所以就擅自拍板了这次签售活动。社长大怒，说："我才不会让你们在店里搞这种活动呢！"但我告诉他已经全部安排好了，最后终于得到了允许。

　　不过我还是很开心的。社长这个人向来只认同严肃文学，对他而言，塚本邦雄那样的作者才算达标。他也就只是主张不做流行读物，别的都还好，我们不会争执。社长应该也认可了我的能力吧。事实上，在《书的杂志》

1　以上四人是该杂志的创办者，同时创建了同名出版社。

几位主办者到场签售这件事上，社长也帮了我很多，提醒我要对外打广告、当天用心招待，即使费用超支，他也帮我兜了底。

虽然如今换了社长，类似的情景也难得一见了，但作为管理现场的人，我仍会巨细无遗地跟领导报告商讨，图书展台的事也是如此，让领导理解我的决定是很重要的。我也时常与他讨论书店将来的发展方向。我们有着共同的理念，就是不能靠明星写真这类书籍来维持店铺的经营。

古田知道很多如今活跃在一线的作家、评论家、音乐人、导演等在新人时期的事迹。只要发现了有意思的年轻创作者，他就会发动当地的人际关系，联系音乐行业、电影行业的熟人，帮助那些年轻人寻找发表作品的机会。他时常留意挖掘有潜力的新人，且不惜为此耗费精力，因此也有不少人通过关系找到他帮忙。在这个渔网似的名古屋文化圈中，千草正文馆占据了一席之地。"就算往后他们进入行业一线，把我忘了也没关系，"古田说，"因为新人层出不穷，将他们推到人前，就是我的使命。"

"书这种东西，可比人们以为的还要丰富多样呢。

"我们只要做好别家不会做的图书展台就行了。拼命搜索，备齐图书，接着肯定会有专家前来，给出反馈。这一来，我们又能发现下一个目标。总之要持续不断地发出信号，我对 Book Mark 的年轻人也是这样说的。

"要重视无人问津的书。每天耕耘，总会迎来开花结果的一天。所以每天都要保持紧张。"

"我喝酒的时候不吃东西。"古田说。事实上他也只举了一次筷子。

要持续探索新的才能，运用它去连接至今为止的谱系，并让这种行为变成书店工作的常态。第二天，千草正文馆的古田推荐了两本书给我，歌集《后颈的碎片》（野口绫子著，短歌研究社）和诗集《入箱》（三角水纪著，思潮社）。

"比起能卖的书，我会选择想卖的书。时常留意它们的动向。此外都无关紧要。"

"千草正文馆经常被称为间隙产业[1]。确实如此。可一旦涉及书，间隙就不是间隙了哦。"

1　间隙产业：原是指大企业不会涉足的专业的小规模市场，或者不受关注的领域内的产业。这里应该是指千草正文馆会按照自己的想法主推一些不那么受大众关注的书。

"只跟书店同行抱团的做法该停止了。拓宽交往，与其他行业的人合作才能开辟新天地。还有对工作的抱怨之类，最好也别再提了。所谓劳动，越辛苦才越有价值。有的东西只有在付出了辛苦劳动后才能获得。"

以上是他给我印象最深的几句话。说话方式独特的古田生于名古屋，也长于名古屋，但他跟我说话时却没有当地口音。对此他表示："我会根据不同的聊天对象改变口音，跟大阪人说话的时候就会变成大阪口音，毕竟是服务行业嘛。"

斑马书房的铃木创曾经在一家古书店关店时帮了些忙，后来买了那家店的库存，开了自己的书店。古田与那家已倒闭的古书店曾有过交往，某一天，铃木拿着开店广告单到千草正文馆来跟古田打招呼，古田由此从他身上感受到某种缘分。

按规定，古田已经快到退休的年龄了，但公司方面希望他继续留任，古田也同意了。我得知此事后才意识到，这个人也会在将来某一天离开书店现场吧。

走出千草正文馆后，我去了步行只需 10 分钟左右的"童话屋"。这家店创立于 1973 年，据说是日本第一家童书专营店。进店后，我立刻被一群带着孩子来买书的主妇裹挟了。

当我徘徊于店内寻找一本忘记名字的书时，一位女店员过来搭话，问我在找什么书。我告诉了她书的大致内容，她很快取出一本问："是这个吗？"我一看，确实是它。

离开童话屋，我驱车驶向郊外。途中如果遇见书店，就停车进去看一看。一度经高速公路开到了丰桥，之后又从普通公路返回名古屋。有的书店因时机不凑巧只能放弃，情况跟我从鸟取开向大阪的时候一样，很多书店开在车辆难以到达的位置。容易忽略的干道上立着国际连锁书店、本地连锁书店的广告牌。偶尔也会出现令我在意的书店，比如夜里经过丰川市内的商店街时，周围的店铺全都关门了，唯有一家小书店还开着。进店后，我看到店主正笑着听一位男性客人聊车子。店内显眼的位置陈列着一套装帧特别的书，封面上用艺术字写着"春夏秋冬丛书"。"这书真漂亮啊。"我说。"很不错吧？是我们本地的出版社做的，我想声援他们一下。"店主答。

我又走进一家连锁店，它的总社位于爱知县，在东京也开了很大的分店。这里面积约有 300 坪，但只有寥寥几位客人。站在收银台里像是兼职员工的两个年轻男子正有说有笑地聊着天，其中一个大概是累了，蹲在地上。我不由想起自己学生时代打工的模样。

转身走向书架，那里站着个店长模样的男人，手里拿着销售票据，皱着眉在查看书架。他的表情引起了我的好奇，于是隔开一段距离悄悄打量他。只见他突然想起来什么似的，从胸前的口袋里掏出一支圆珠笔，但又好像没想好要写的内容，焦虑地摆弄着裤袋，最后在票据上写了些什么。即使书店本身没有魅力，但总能发现这种认真的店员，比起书店，他们的存在对"书"更为重要。

我再次返回名古屋，游走在鹤舞的古书店街，接着又去了千草正文馆，与古田碰面。我讲起一路经过的地方，他淡笑道："没什么值得一看的对吧。"而当我告诉他，途中也发现了几家感觉不错的书店和店员的时候，他立刻换上惊讶的表情，一脸认真地问："是吗，在哪儿？"可见，他确实一直保持着紧张感。

离开名古屋之前，我还有两家想去的书店：一家新书书店，一家古书店。心里犹豫着到底去不去那家新书书店，最后决定去看一眼就走。

那家店的店长是我经由某位书店员介绍得知的，但素未谋面。据说人很年轻，对工作也充满热情，但我并未抱太大的期待。从荣町开车到那家店大概需要 20 多分钟。马路两旁大都是住宅区，书店的存在显得略微突兀。

我停好车，走进了 75 坪的店内。虽然不清楚实际面积有多大，但店名"七五书店"应该就是从这儿来的吧。

第一眼的感觉是没有特点，书架上陈列的书也都很普遍常见。我放下心来，因为剩余的时间不多了，为了赶得及逛另一家古书店，两家店都必须在短时间内看完就走。

然而往里走后，我的印象却开始发生变化。显然，在这个不大的空间里，该摆什么样的书都是经过精心考虑的。文库本的书架并未按照每家出版社的系列摆放，而是将其分解后按作者、主题来陈列的。我再次回到入口附近的文艺书区域，发现每位作家的作品都很平均，只有两三本。非畅销作家数年前的作品也跟人气作家一样，平等地插在书架上。这家店并没有强调自己的与众不同。店内供展示的平台虽少，书架上每一本书的书脊却都清楚地呈现在顾客眼前。

我决定放弃去另一家古书店了，这次的名古屋之行，就以这家店作结吧。

我依次浏览着书脊，看到感兴趣的就抽出来。很快，我留意到一个男人的举动。店里只有他一个工作人员，想来他应该就是店长了吧。只见他把纸箱放在角落，从里面取出书，动作敏捷地插入书架各处。虽然全身心投入到陈列作业中，但每当有客人朝收银台走过去，他都会立即轻手轻脚地回到柜台后。他待客并不十分热情，说话声音也小，但包书皮、收钱、找零这一系列动作十分干练，没有一丝冗余，想必也是习惯了一个人经营吧。这或许可以视为他孤独地工作至今的证据。

我也选了几本书走向收银台。他的动作果然熟练，迅速用扫码器读取书上的条形码，问我"是否需要包书皮呢？"。我指了指其中一本，说"只包这本就行"。此时，我身后又来了一位客人。或许是因为这个，他包书皮的动作微微一顿，很快便回过神来。真的只是一瞬间的事，我没有放在心上。

"谢谢惠顾。"他一边鞠躬一边对我说。离开收银台，我莫名产生一种眷恋之感，于是在入口附近的新书、热议作品区域又徘徊了一阵，才走向自动门。

开着车，我不禁开始想象，这位店长或许也去过千草正文馆，说不定还曾数次到访，凝视过店内书架的陈列布置呢。

终章　她想要传递的是什么？

距离原田真弓的日暮文库开业，已经过去一年。

每次前去拜访，我都会打听店铺近况，并将自己遇到的各种书店人的故事讲给她听。其间，我并未从她口中听到任何决定性的话语，甚至很多时候，我俩连对话都是在各说各的。对一个开业时间不长的小书店店主来说，什么样的信息才是有用的呢，我并不清楚，又或者该说我并不打算弄清楚，没开过书店的我也不可能成为原田真弓的业务顾问。如果说我能为她提供些什么，也只能是站在客人的立场。

我曾向她提议：多写点跟书架有关的东西吧。

她开店前开设的博客里，写的大都是新到货的图书与杂货的相关介绍。偶尔也会涉及作者，字里行间都体现出她的用心。但为了买某一本书而专程跑到书店来的客人究竟有多少呢？与其写这些，我认为不如讲一讲她介绍过的新书旁边摆了些什么书，试着让客人对书架产生兴趣。游览了各地许多书店后，我意识到客人们并不在意书架上书的陈列，但有实力的书店会很注重赋予书架意义。通过书架与客人交流，或许会成为今后书店生存的必要技能。只要逛一逛日暮文库，就能领略书架的乐趣，这或许可以成为这家店的独特之处。

原田真弓曾说，想把自己的店做成书的入口。"如果客人想读更多的书，可以去池袋的淳久堂、LIBRO 等店铺。我想让日暮文库成为引领他们去那些地方的契机。"既然如此，不如也教教客人如何浏览书架最有趣。客人通过日暮文库了解到书架的魅力，以后去了其他书店，看待书架的方式也会为之一变。这是我的想法。

没多久，她就在博客上写了四篇以书架为主题的文章，但内容与我所期待的仍有不同。我希望她能写一些吸引读者来店的内容，可她写的却是自己在 PARCO BOOK CENTER 与 LIBRO 时期学到的书架陈列的基本知识。或许也有客人对此抱有兴趣，但整体而言，这更像是以新人书店员为受众而写的。

一个雨天的傍晚，我在日暮文库与原田就四篇文章的内容进行探讨，这时，一位女客人进了店。看她的模样像十几岁的学生，但因为穿着正装，想来也可能是刚进入社会的新人。她站在我和原田前面浏览书架。

我突然产生了一个念头，围绕原田写在博客上的"人的视线是从左往右移动的""这就需要在视线移动的过程中，放一本能抓人眼球的关键书"的相关内容进行提问。

——以这个书架为例，关键书是哪本呢？

原田走到我旁边，在我用手比画出的范围内左右移动手指。

"这个区域，从这里看过来，这本就是关键书。"

——这本书的尺寸比周边的书都大了点，是为了突出它的存在特意摆放的吗？

"嗯，没错。"

那这边的书架呢？我一边提问，一边伺机寻找与那位女顾客搭话的机会。在蹲着打量书架下层的她突然抬起头的瞬间，我对她说：

——您知道吗？

"诶？"

——书店的书架陈列，是专门配合客人视线的移动方向设计的。

"这样啊。"

很显然，她对我的话产生了困惑。原田不好意思地笑了，说："抱歉，这并不是什么大不了的事啦。"

"啊，不过我还是第一次听说呢。那这个书架……"

"这个书架啊，因为《中央线甜品屋》这本漫画最近很受关注，所以它周围摆的都是些内容相关、我希望读者能接下去读一读的书。不过请别在意。您是在找什么书吗？"

"没有。前阵子在杂志上看到贵店的介绍，所以来逛逛。"

"谢谢光临。不过小店简陋，也没有太多值得一提的东西。"

"不……因为我喜欢《蜂蜜与四叶草》这类漫画，所以来这边看看，发现还有这样的作品[1]。"

"很不错吧。我也喜欢这种类型的。"

"那个……我会再来的。"

"务必务必，随时欢迎您的光临哦。"

那位女性推开门，向我们轻轻点头致意后，撑开粉色的伞走了。见状，我立即向原田道歉。

刚才我是想做个实验，如果向顾客解说书架的浏览方法，对方会如何反应呢？我的设想是，如果聊得投机，说不定她会多买几本书回去呢——毕竟我总是跑到这里来找原田聊天，偶尔也想为她的营业额做些贡献。谁料我的举动完全成了多余。那位客人大概只会想："今天这里有个奇怪的男人，我还是走吧。"

"很多客人都跟她一样，不买书就离开了，她应该还会再来的。"原田安慰我说。

"不过书店的客人一般分为两种，一种是可以搭话的，一种是不要搭话比较好的，她显然是属于后者哦。我也大致能料到她喜欢什么样的书。在那边漫画区徘徊的年轻人，大都是需要独立空间、不想惹人注目的人。"

——原来是这样啊。

"我们这种职业的人，基本都是根据客人来调整状态的

---

1 指前面的《中央线甜品屋》，跟《蜂蜜与四叶草》都属于治愈类漫画。

呢。根据客人的反应改变书架陈列，客人喜欢聊天就多聊几句，客人不想说话就不去搭理。虽然不同的人会有不同的考虑，但在我看来，书店人不该把自己对书架的设计主动披露给客人。这是不对的。"

确实如此。至今为止，我也从好几个书店员口中听到过类似的话。因为心生愧疚，我决定近期不再去日暮文库了，但第二天，原田发了封邮件给我。

"您对我而言是很重要的客人。今后也请和从前一样多多光临。"

我从中感受到她的周到，同时也感受到一种无声的拒绝。不过确实如她所说，我仅仅只是日暮文库的一位客人而已。

我一直以为自己明白自身与书店之间的距离。

我也永远记得一句话。事情要说回近 10 年前，与《我是开书店的老头儿》的作者早川义夫见面的时候。为了纪念他时隔 20 年出版的新书《灵魂的所在》（晶文社），我在采访中请他回顾了歇业多年的早川书房和他担任店主时的经历。离开书店行业之后，早川义夫重新做回了歌手，采访过程中，他的每句话都言之有物，不失优美。而在最后，他说了句让我印象深刻的话。

"没开过书店的人，绝对无法明白书店的一切。你也一样啊，虽然你很认真地在听，也理解了，但还是无法明白。"

这一天之后，我总是在采访结束的回家路上想起他的话来。

不仅是书店，任何没有经历过的事都是无法明白的。而这位前书店店主的话，这句"即使能理解，也不明白"，就这样留在了我的心间。当采访对象越是详细地向我解说，我越会怀疑自己是否真正明白了。即便如此，事后发现自己连理解也没能做到的情况也不在少数。渐渐地，我习惯了对此事保持警觉。

可是，日暮文库对我而言稍微有些不同。

　　因无法抛却热情而开始经营的小书店。
　　这样的店如果在全国能开上 1000 家的话，社会就会发生变化。

这是一年前，原田真弓所说的理想。

像她一样在书店现场热情工作并积累了一定经验的人，到了一定年龄便灰心失望，离开"书"的世界，或是遭遇公司裁员，类似的状况在各地时有发生。在这种趋势下，让他们了解到日暮文库的生存方式是很重要的，为此，我也希望日暮文库能尽早步入正轨。那重点是什么、不足的又是什么呢……跟原田打交道时，我一直怀揣着这样的疑问。

日暮文库开业一年半的时候，我再次采访了原田真弓。契机是她发来的邮件。

　　"我找到'更进一步的切入口'了。

　　"不过，眼下还不知道要如何实施，还在摸索中。

　　"但我相信这个切入口是正确的。

　　"那就是要改变书的评价方法。"

　　虽然从字面很难理解她的话，但看样子，她是抓住了某种关键的东西。

　　　　我一直在思考，未来的书店该是什么样子。目前的结论是，若不树立好的评价方法，就一定会走入死胡同。

　　　　所谓书的评价方法，也就是书店如何对待"书"的问题。但旧书的定价不包含在内。我的意思是，必须确定"书"作为物品的叙事方式。

　　　　书店的人都爱说某本书很有趣，这是对书的内容进行的评价。网上的人也都爱讨论这些，杂志也会征询书店员推荐的书籍等。但这样持续下去，书店卖书的理由会越来越站不住脚。

　　　　我认为在谈论书籍时，必须意识到外围的部分，连带这部分一起评价。书是由纸张装订而成的，使用了漂亮的字体与封面设计，有不同的手感与分量，像这样，对书籍的制作工艺进行介绍也很有必要。文章本身的水准当然重要，但我们作为书店人，必须把书看作一个制作完成的综合艺术品进行推介。

今后想必会有越来越多的人认为，书只要内容好就够了。这没错，毋宁说爱读书的人反而更能明确知道，哪些书适合用电子设备阅读。当一部作品的上卷快要读完的时候，是否要把下卷一起塞进包里呢？很多人会为此感到犹豫。如果把下卷也带着出门，有可能到最后根本没时间阅读。类似的经历多了，就一定会选择便利的 iPad。即使不用 iPad，人们的阅读方式也会不断进化更新。

不过，纸质书也是绝对必要的，尤其是平时不太看书的人，通过纸质书的手感、厚度等状态，才能更清楚地获得对作品的印象。书就是这样一种综合的产物。作为书店人，我们必须再次有意识地向大众传递这一认知。

虽然纸质书不会消失，但它们也不可能像过去那样全部留存下来。这种危机感，书店人想必最有切身体会吧。就这点而言，我不信任出版方。对作者和出版方而言，最重要的是让写的东西有地方发表，将之兑换成钱。如果电子书成为主流，他们自然也会转向电子书的市场。

唯有书店，一旦失去纸质书，就从根本上失去了存在的意义。这就要求书店的工作人员必须有意识地改变仅从内容方面介绍图书的习惯。从这个角度来说，书店反倒该成为作者与出版方的引领者。说是综合艺术，但也并非什么高不可攀的东西，而就是日常中的物品之美。跟从前一样，书一直都摆在客人触手可及的地方，但书店员要让他们意识到书作为物品存在的价值。

仅仅作为硬件设施而消失的物品已经不计其数，如果不能说出一本书之所以做成纸质书的理由，今后就会有越来越多的书店消失，即使留下也会逐渐失去存在的必要性。

因此，我才觉得有必要认真讨论外围的事。

但如果贸然四处宣扬，我又担心听到的人会错意。仅仅说一本书的装帧好，没有任何意义。如果人们开始以怀旧的眼光评价一本书的好坏，毋宁说是一种倒退。新书或文库本没在装帧设计上费工夫，但这不意味着它们不是好书。这些书能够大量、廉价、广泛地散布出去，从这点来说它们很好，虽然我觉得这种意义很快也会消失，但这种设计简单、成套系的书籍，从外围的层面上看，也有其优点和价值。话说……我说了这么多，你能明白我的意思吗？

——外围，是什么意思？写成汉字是"侧"吗？[1]

"嗯。不过在我的概念里，也有"皮"的意思。"

——诶？"皮"？

"嗯。因为还没想到有什么更好的词汇来表达。而且眼下这个说法最合我意。"

——我觉得您还没有找到其中的逻辑。

"是吗？"

——不过，我可以确定，您之所以要在博客里用心介绍每一本书、每一件杂货，也是出于刚才提到的原因吧。原本您就是这样努力至今的。

"没错。我确实从开店之初就在考虑这些问题了。想把这些念头变得更简明易懂，以便普及给大众。如果有人帮忙，我会很高兴，但目前还没找到这样的人。如果全国能有1000家这样的店……我是这么想的。"

1000家。久违地从原田真弓口中听到这个词，我心中的疑问也再次浮出水面：驱使她开书店的动机究竟是什么？

"因无法抛却热情而开始经营的书店如果能在全国开上

1　这部分提到的"外围"一词，是指包括装帧设计在内的纸质书各部分的总和，与书的文字内容相对。原文使用了片假名"ガワ"，写成汉字一般是"侧"。原田在后文中所说的"皮"，日文中读作"カワ"，浊读为"ガワ"，应是指书的外表。

1000 家"……在我看来，她这句话里的"1000 家"，完全就是眼下整个体系的反命题，甚至是改变整个社会的关键词。原田真弓对如今的书店现状感到苦恼，她创立日暮文库，或许就是为了证明，即便已被整个体系排除在外，也仍旧能继续经营书店。她身上有着反抗权威和权力的精神，或许也时常因此而受挫，但作为书店员，这对她的选书与策划想必也不无裨益。

可在她心里，最在意的还是作为经营者的自己今后要如何以更好的方式，将"书"传递给一个又一个人。或许应该说，她离开 LIBRO 之后创立日暮文库，也是在追求这个目标的路途中找到的答案。因为她原本就只是个热心的书店员而已。

——如果能让下一代人也了解这些就好了。

"是啊。我想和这个时代，以及下一个时代的人共同分享心得体会。

"只要是干这行的，无论在哪家店、做什么职位、是大公司或零售店，都无所谓。哪行都一样，这样的店若有 1000 家，大概就能掀起某种变革吧。我并不关心自己的经历能否为书店员独立开店提供借鉴，更别提被当作励志故事或是商业模范了，我对那个没兴趣。"

——你在博客上介绍书的时候，即使是非虚构读物，也只是强调它的厚度，几乎没写过什么书评类的文章。这是你有意为之的吧。

"因为我原本就喜欢谈论书的外围的东西，过去也曾蒙别人约稿写过书评，写完就意识到自己的肤浅，对此心生自卑。不过书评领域毕竟有专业人士存在，这也正常。所以我就开始想，站在书店的立场，能做些什么呢。

"问题是，我所想的没能传达给顾客！

"大概是做法不对吧。"

她的话可以简单理解成是在诉说书店存在的理由，但也不代表书店的立场就此得到了保障。"外围"这个表达，也尚难与"这本书的装帧很棒"这种程度的评价区分开来。因为无法看到书店、书架是怎样表现书的外围的。

但她所探询的答案，我也想继续深入思考。她说，书店必须挺身而出，表达"纸质书很重要"这一观念。话语间暗含着对书店应保护其自主性的洞察。我拜访过的许多"书店"也一样，并不只是将作者创作、出版社制作、流通业者运输过来的书摆在店里。他们在意的不是自己所处的出版体系或合作发行商，而是顾客；为了紧跟顾客的需求，必须自主地与"书"打交道，将"书"传递给顾客。

她如今正处于试错的第二年。想来，她也将经历很多人已经历过的事吧，例如定有堂书店的奈良敏行一路走来的 30 年中的第二年，和我拜访过的许多"书店"的第二年。她的存在，象征着一家奋斗不息的个体书店的新生。而在全国，她理想中的 1000 家店或许已经开始出现了。

后 记

这是一本与"书店"有关的、极其私人的见闻录。

全书开头提到的原田真弓女士的日暮文库开业于 2010 年 1 月，而在 2009 年末之前，我一直在以出版界为对象的专门报纸《新文化》担任编辑和记者。在《新文化》期间积累的工作经验、人际关系与脑中的选题，构成了这本书的基础。

未来，书店将会如何发展呢？我对此常怀好奇。虽说没有了书，书店也不可能存在，但比起"书"本身的未来，我更在意的还是"书店"。这里所说的"书店"，并不是指作为零售业形态之一存在的书店整体，而是指那些积极传递"书"、仿佛生来就要为此付出的人，亦即本书中登场的那类书店人。

我也说不清自己为何会被他们吸引，但这种吸引力产生已久。

进入《新文化》以前，我在一家名为悠飞社的小出版社担任营业人员，负责跟各个书店打交道。

"你知道这本书旁边为什么要放这本书吗？"

"……不知道。"

"这是因为啊……"

听多了这些，刚入职不久的我便时常觉得，虽然行业里也有不少啰唆麻烦的人，但书店员真是份帅气的工作。而真正开始了解书店所处的状况，却不是在与他们共事期间，而是在我开始采访他们之后。当然，并非所有书店店主、书店员都那么帅气又厉害。但通过他们，我触摸到了"书"的世界的美与丑。

离开专业刊物，成为自由撰稿人之后，我再次开始寻访各地书店，此时意识到，不能再像以往那样鸟瞰式地捕捉"书""出版"与"书店"的状况。即便受限于过往经验，我也希望尽量舍弃职业性的立场，不为任何媒体写作，而是作为独立的个体，集中精力四处寻访、见闻、感受。作为结果，这本书的取材范围有限，排除了撰写书店论必然触及的主题，偶尔也可能显得视野狭隘。但正因为我改变了立场与观看方式，才更加确信"书店"会屹立不倒，唯有"书店"才是把"书"传递下去的中坚力量，"书店"会成为更重要的存在。

在本书中登场的书店店主、书店员们为我介绍了为数众多的"书"（请参考最后的"主要参考文献"）。其中有两句我印象最深的话。其一，是在第五章里引用过的宫泽贤治的话：“迟早都会化作闪耀宇宙的尘埃，飘散于无垠的空中吧”。另一句，则是定有堂书店发行的《想传达之事》中的“犹待后哲”。我读完《想传达之事》以后，感觉自己在序章里提出的“驱使她的是什么？”这一问题的答案，或许就在“后哲”这个词里。即便力量微薄，也希望自己能完成作为后哲的使命，这或许就是从事“图书”行业的人都有的愿望吧。

但我不会以此为结论，这本书所记录的，只是很小一部分的“书店”，而积极向他人传递“书”的人还有很多。他们开辟的“书店”的未来，以及这本书的后续故事会如何发展，我还想继续观察下去。

谨在此向本书中出现的所有人物致以诚挚的感谢。除此之外，我想道谢的人还有很多，甚至能追溯到先祖一代，但这里必须特别感谢的是本书的责任编辑，新潮社出版部非虚构编辑部的秋山洋也先生。没有编辑，书就无法诞生——虽然这话时常被人提及，但作为第一次写书的人，我对此深有体会。

2011 年秋

主要参考文献

（括号内为作者、出版社、发行年份）

第一章

『セゾン文化は何を夢みた』（永江朗、朝日新聞出版、
　二〇一〇年）

『セゾンの挫折と再生』（由井常彦・伊藤修・田付茉莉子、山
　愛書院、二〇一〇年）

『書店風雲録』（田口久美子、本の雑誌社、二〇〇三年）※文
　庫版＝筑摩書房から二〇〇七年刊

『出版人に聞く①　「今泉棚」とリブロの時代』（今泉正光、論
　創社、二〇一〇年）

『出版人に聞く④　リブロが本屋であったころ』（中村文孝、
　論創社、二〇一一年）

『棚の思想──メディア革命時代の出版文化』（小川道明、影
　書房、一九九〇年）

『ヨキミセサカエル』（柴田信、日本エディタースクール出版部、
　一九九一年）

第二章

『書店人のしごと──SA 時代の販売戦略』（福嶋聡、三一書房、
　　一九九一年）

『書店人のこころ』（福嶋聡、三一書房、一九九七年）

『劇場としての書店』（福嶋聡、新評論、二〇〇二年）

『希望の書店論』（福嶋聡、人文書院、二〇〇七年）

『電子書籍の衝撃』（佐々木俊尚、ディスカヴァー・トゥエン
　　ティワン、二〇一〇年）

『Google 問題の核心──開かれた検索システムのために』（牧
　　野二郎、岩波書店、二〇一〇年）

『だれが「本」を殺すのか』（佐野眞一、プレジデント社、
　　二〇〇一年）※文庫版＝新潮社から二〇〇四年刊

『切りとれ、あの祈る手を』（佐々木中、河出書房新社、
　　二〇一〇年）

『電子書籍奮戦記』（萩野正昭、新潮社、二〇一〇年）

『電子本をバカにするなかれ──書物史の第三の革命』（津野
　　海太郎、国書刊行会、二〇一〇年）

『本とコンピューター』（津野海太郎、晶文社、一九九三年）

『書物』（森銑三・柴田宵曲、白揚社、一九四四年）※改訂版あり、
　　文庫版＝岩波書店から一九九七年刊

『パピルスが伝えた文明──ギリシア・ローマの本屋たち』（箕

　輪成男、出版ニュース社、二〇〇二年)

『江戸時代の図書流通』(長友千代治、思文閣出版、二〇〇二年)

『江戸の読書熱——自学する読者と書籍流通』(鈴木俊幸、平
　凡社、二〇〇七年)

『江戸の本屋さん——近世文化史の側面』(今田洋三、日本放
　送出版協会、一九七七年)※「平凡社ライブラリー」版が
　二〇〇九年刊

『東西書肆街考』(脇村義太郎、岩波書店、一九七九年)

『書店の近代——本が輝いていた時代』(小田光雄、平凡社、
　二〇〇三年)

第三章

『すごい本屋!』(井原万見子、朝日新聞出版、二〇〇八年)

『棚は生きている——私の店から"パピルスの夢"を伝えたい』
　(青田恵一、八潮出版社、二〇〇六年)

『かみながひめ』(ありよしさわこ・あきのふく、ポプラ社、
　一九七〇年)

『道成寺絵とき本』(小野宏海・藤原成憲、道成寺護持会、刊
　行年不詳)

第四、五章

『出版人に聞く②　盛岡さわや書店奮戦記』（伊藤清彦、論創社、
　二〇一一年）

『傷だらけの店長──それでもやらねばならない』（伊達雅彦、
　パルコ出版、二〇一〇年）

『安政五年の大脱走』（五十嵐貴久、幻冬舎、二〇〇三年）※
　文庫版＝同社から二〇〇五年刊

『富士』（武田泰淳、中央公論社〈現中央公論新社〉、一九七一
　年）※文庫版＝同社から一九七三年刊

『料理人』（ハリー・クレッシング／訳＝一ノ瀬直二、早川書房、
　一九六七年）※文庫版＝同社から一九七二年刊

『経済成長がなければ私たちは豊かになれないのだろうか』
　（C・ダグラス・ラミス、平凡社、二〇〇〇年）※「平凡
　社ライブラリー」版が二〇〇四年刊

『ベジタリアン宮沢賢治』（鶴田静、晶文社、一九九九年）

『ものいわぬ農民』（大牟羅良、岩波書店、一九五八年）※
　二〇一一年に同社から復刊

『宮澤賢治と東北砕石工場の人々』（伊藤良治、国文社、
　二〇〇五年）

『ファスト風土化する日本──郊外化とその病理』（三浦展、
　洋泉社、二〇〇四年）

『大型店とまちづくり――規制進むアメリカ、模索する日本』
　　（矢作弘、岩波書店、二〇〇五年）
『洋泉社MOOK　地方を殺すな！』（洋泉社、二〇〇七年）

第六章

『本屋はサイコー！』（安藤哲也、新潮社、二〇〇一年）
『街の本屋はねむらない』（奈良敏行・田中淳一郎、アルメディ
　　ア、一九九七年）
『物語のある本屋――特化した棚づくり』（胡正則・長岡義幸、
　　アルメディア、一九九四年）
『街場のメディア論』（内田樹、光文社、二〇一〇年）
『贈与論』（マルセル・モース／訳＝有地亨、勁草書房、
　　一九六二年）※新装版あり。また吉田禎吾・江川純一訳で
　　ちくま学芸文庫版あり
『はじめての構造主義』（橋爪大三郎、講談社、一九八八年）
『純粋な自然の贈与』（中沢新一、せりか書房、一九九六年）
　　※文庫版＝講談社から二〇〇九年刊
『贈り物と交換の文化人類学』（小馬徹、御茶の水書房、
　　二〇〇〇年）
『伝えたいこと――濱崎洋三著作集』（定有堂書店、一九九八年）
『わたしの鳥取』（木元健二、今井出版、二〇〇八年）

『死の文化を豊かに』（徳永進、筑摩書房、二〇〇二年）※文庫版＝同社から二〇一〇年刊

『病気と家族』（徳永進、集英社、一九九六年）※『形のない家族』（思想の科学社、一九九〇年）を改題し文庫化

『ぼくは本屋のおやじさん』（早川義夫、晶文社、一九八二年）

『就職しないで生きるには』（レイモンド・マンゴー／訳＝中山容、晶文社、一九八一年）※新装版あり。

『詩集　流れの道で』（花井満、今井書店鳥取出版企画室、二〇〇六年）

第八章

『ぐるんぱのようちえん』（西内ミナミ・堀内誠一、福音館書店、一九六六年）

『構造と力――記号論を超えて』（浅田彰、勁草書房、一九八三年）

『東京大学のアルバート・アイラー　東大ジャズ講義録・歴史編』（菊地成孔・大谷能生、メディア総合研究所、二〇〇五年）※文庫版＝文藝春秋から二〇〇九年刊

『東京大学のアルバート・アイラー　東大ジャズ講義録・キーワード編』（菊地成孔・大谷能生、メディア総合研究所、二〇〇六年）※文庫版＝文藝春秋から二〇〇九年刊

『くびすじの欠片』（野口あや子、短歌研究社、二〇〇九年）

『はこいり』（三角みづ紀、思潮社、二〇一〇年）

　　全书的主题，参考了《不使用权力也能改变世界》（*Change the World Without Taking Power*，John Holloway 著，大窪一志、四茂野修译，同时代社，2009 年）的中心思想。

　　出版发行、出版市场相关的内容，大都参考了新文化通信社发行的出版业界专门刊物《新文化》中的报道，以及社团法人全国出版协会、出版科学研究所收集的统计资料。此外，除了书中提到的人物，本书还受益于许多书店员、书店店长的著作，以及以书店、出版、电子出版、网络为主题的其他著作。

图书在版编目（CIP）数据

书店不死 /（日）石桥毅史著；熊韵译 . -- 北京：
北京联合出版公司 , 2021.11

ISBN 978-7-5596-5496-0

Ⅰ . ①书… Ⅱ . ①石… ②熊… Ⅲ . ①书店－介绍－
日本 Ⅳ . ① G239.313

中国版本图书馆 CIP 数据核字 (2021) 第 169133 号

北京市版权局著作权合同登记号：01-2021-4834

书店不死

作　　者：〔日〕石桥毅史
译　　者：熊　韵
出 品 人：赵红仕
策划机构：明　室
策 划 人：陈希颖　赵　磊
责任编辑：牛炜征
特约编辑：陈希颖　廖　婧
装帧设计：山川制本 workshop

北京联合出版公司出版
（北京市西城区德外大街 83 号楼 9 层　100088）
北京联合天畅文化传播公司发行
北京市十月印刷有限公司印刷　新华书店经销
字数 178 千字　787 毫米 ×1092 毫米　1/32　9.75 印张
2021 年 11 月第 1 版　2021 年 11 月第 1 次印刷
ISBN 978-7-5596-5496-0
定价：55.00 元